この1冊ですべてわかる

# 経営計画の基本

The Basics of Management Plan

## 宮内健次
Miyauchi Kenji

日本実業出版社

# はじめに

　経営計画は、会社の方向性を示すもので経営の基本となるものですが、中小企業を見ますと、特に経営計画というものはなく、従来の取引慣行に従って取引している会社が多いことに驚きます。もちろん、昔からの取引慣行で発注量も決まっているため、先が読めるから経営計画など必要ないという声も聞きます。

　しかし、世の中の変化も激しく需要がいつの間にか変わってしまうということや、製品を納入している取引先が突然他の会社に変更してしまうということは珍しくありません。こうした事態でもあわてないように、日頃から自社の経営計画をきちんと立てていく必要があります。

　経営計画については、こうでなくてはならないという決まった形はありません。会社により、いろいろな形の経営計画があり、形式は統一されていません。

　ただ、経営に関する計画というからには、最低限これだけは必要だという項目はあります。その最低限の項目を作成するとともに、会社の実情により、必要な項目を加えていきます。

　この本では、中小零細企業でも簡単にできる経営計画を提唱しています。

　それは、「Ａ４用紙１枚で作る経営計画」です。この経営計画では、11の記入項目を用意してあります。その項目を記入するだけで、経営計画が出来上がります。１つひとつの項目は、自社の現状をもとに記入していただきますが、まずは作ることを第一として、あまり内容にこだわりすぎずに、作成してみてください。

　経営計画の作成に慣れてきて、もう少し詳しく記入していきたいということがありましたら、中堅企業用の経営計画をご用意いたしましたので、そちらを参考にしていただきたいと思います。


　本書は2009年に発行の『経営理念から進捗管理まで　はじめての経営

計画の作り方・活かし方』と、その後2014年に発行しました『A4一枚から作成できる・PDCAで達成できる 経営計画の作り方・進め方』をベースに、その後のコンサルティングの経験や事例などを大幅に加筆しております。

　今回は、経営計画の作成の意味をはじめとして、経営計画の作成手順、経営計画の進捗管理を中心に記載しています。また、経営計画の中の行動計画については、その行動計画を確実に実行していくためにPDCA（計画、実行、検証、改善のサイクル）、KPI（重要業績評価指標）、KFS（重要成功要因）の管理手法について解説しています。

　その他、Ａ４用紙１枚の経営計画については、実際に利用した企業の事例を紹介するとともに、事例の中で良い例、悪い例の経営計画の解説も入れております。さらに、中堅企業用にＡ４用紙１枚をさらにバージョンアップした経営計画を提案するとともに、その実例も紹介しております。

　まだ経営計画がない企業の経営者の方、経営計画を作ったものの、うまく機能していない企業の経営者の方のお役に立てれば幸いです。

　2023年２月

宮内　健次

*本書の内容は、2023年１月１日現在の法令等に基づいています

# 第2章 中小企業の経営計画はＡ４用紙１枚で作る

# 第3章 経営計画の具体的な作成ポイント

第4章 中堅企業が経営計画を
作成するときのポイント

# 経営計画を確実に
# 実行するための仕組み作り

第5章

## 第6章　行動計画は「PDCA」「KPI」「KFS」で管理する

## 第9章　経営計画の浸透・定着を図る

## 第10章　経営計画で経営が改善した企業

おわりに

カバーデザイン　志岐デザイン事務所／秋元真菜美
本文ＤＴＰ　一企画

第 **1** 章

# 今求められている経営計画とは
# どのようなものか？

# 経営計画の必要性

「売上目標＝経営計画」ではない！　経営ビジョンの達成には、経営計
画という具体的なシナリオが欠かせない

## 経営計画は経営ビジョンを達成するために作る

　経営計画とは、会社のビジョンを明示し、そのビジョンを実現するための計画のことです。

　例えば、家を建てる場合、いきなり土台を作り、柱を立てて、壁をセットすることはありません。当然、どのような家にするかがわかる設計図を作ります。そして、設計図の次は、作業の工程と作業内容を記載した作業工程表を作ります。設計図や作業工程表がしっかりしているからこそ、土台や柱、屋根など、それぞれの担当者が、順序良く作業を進めることができるわけです。

　会社経営では、この設計図が経営ビジョン、作業工程表はビジョン達成のための計画にあたります。

　この経営計画により、会社のビジョンがきちんと明示され、社員はその達成に向かって効率的に進んでいくことになります。

■経営計画は「設計図」と「作業工程表」を足したもの

## 🖊 具体的な目標がないと社員は動けない

コンサルティング先の中小企業には、「経営計画はわが社にも当然ある」という社長がよくいます。しかし、その内容は「今年度はいくら売り上げる」という売上目標しかないことがほとんどです。

そのような目標だけでは、社員は売上を上げるために、具体的に何を実施していったらいいのかがわかりません。また、「環境の変化が激しく、将来のことはわからないのだから経営計画を立ててもムダだ」という社長もいます。しかし、経営計画は、予測を立てることではなく、目標を立てることです。

計画を立てずに漫然と経営を続けていくと、新たなビジネスチャンスが目の前に現れても気づかないことがあります。また、顧客ニーズが変わっても適応できなかったりします。そして、「いつの間にか業績が落ちていた」ということになりかねません。

会社が発展していくためには、経営計画によって会社のビジョンを示し、そのビジョンを実現するための具体的な施策を考えることが必要です。そして、その施策はきちんと計画に基づいて実現していくことが大切になります。

■会社の発展には、経営計画が欠かせない

# これからの経営計画の作り方の基本

数値中心の経営計画から、経営ビジョン達成のための経営計画作りへ

## 📝 今までの経営計画

　今までは、次ページのような損益を中心とした数値計画を作成している経営計画が多く見られました。こうした経営計画は、特に中小企業でよく見かけます。

　中小企業が金融機関に提出した経営計画を見ると、損益計算書をもとに将来の5年間、あるいは10年間の推移を予測した数値で作成したものが中心です。

　その構成を具体的に見ていくと、売上高、売上原価、売上総利益、販売費・一般管理費、営業利益、営業外損益、経常利益、特別損益、税引前当期純利益、法人税等、当期純利益の構成となっています。また、借入金がある場合には返済も考慮するため、キャッシュフロー（当期純利益＋減価償却費）と返済額も加えて作成しています。

## 📝 経営計画が数値計画中心になってしまう理由

　中小企業では、経営者が売上目標の設定や資金繰り表の作成など、普段から数値中心の経営をしているため、損益を中心とした数値計画だと作成が容易だという点があります。

　また、数値計画中心の経営計画だと時間もかからず、経営者だけで速やかに作成することができるのも大きな理由です。

### ▶数値計画が問題となる理由

### ・数値の根拠がわからない

　経営計画は一定期間にわたるものを作成することになりますが、売上

## ■従来の経営計画（数値計画）の例

（単位：千円）

| 項　　目 | | | 第○期<br>（実績） | 第○期<br>（計画） | 第○期<br>（計画） |
|---|---|---|---|---|---|
| 1. 売上高 | | | 100,000 | ××× | ××× |
| 2. 売上原価 | | | 80,000 | ××× | ××× |
| | 材料費 | | 30,000 | ××× | ××× |
| | 労務費 | | 40,000 | ××× | ××× |
| | 経費 | 経費（除く減価償却費） | 9,000 | ××× | ××× |
| | | 減価償却費① | 1,000 | ××× | ××× |
| 3. 売上総利益 | | | 20,000 | ××× | ××× |
| 4. 販売費・一般管理費 | | | 15,000 | ××× | ××× |
| | 人件費 | | 5,000 | ××× | ××× |
| | その他経費 | | 9,000 | ××× | ××× |
| | 減価償却費② | | 1,000 | ××× | ××× |
| 5. 営業利益 | | | 5,000 | ××× | ××× |
| 6. 営業外損益（支払利息等） | | | 1,000 | ××× | ××× |
| 7. 経常利益 | | | 4,000 | ××× | ××× |
| 8. 特別損益 | | | 0 | ××× | ××× |
| 9. 税引前当期純利益 | | | 4,000 | ××× | ××× |
| 10. 法人税等 | | | 1,600 | ××× | ××× |
| 11. 当期純利益③ | | | 2,400 | ××× | ××× |
| 減価償却費（①＋②）＝④ | | | 2,000 | ××× | ××× |
| キャッシュフロー（③＋④）＝⑤ | | | 4,400 | ××× | ××× |
| 返済額⑥ | | | 1,000 | ××× | ××× |
| 差額⑤－⑥ | | | 3,400 | ××× | ××× |

15

や費用は将来の需要予測を加味していくと必ずしも毎年一定ではありません。しかし、こうした変化を数値だけで作成してしまうと、数値の根拠がわからず、それをもとに社内で経営計画として推進しても社員の理解が得られません。

　また、債務超過がある会社の場合、早く正常な状態にしたいために無理な利益を計上して数値計画を作成していることがあります。しかし、取引金融機関からの内容の問い合わせに答えられず、結局、数値計画の見直しをしています。

### ・目標を達成する方法がわからない

　経営計画を数値計画だけで作成した場合に、何をどのようにしたら達成できるのかが具体的にわかりません。数値計画を達成するための具体的な施策と行動計画が必要になります。

　ところが、目標となる数値計画を作成して、「現場はその数値を目指して頑張れ」といって叱咤激励している経営者を見かけます。これでは、どうやって数値計画を達成するのかわからないので、数値計画は絵に描いた餅になってしまい、未達になってしまいます。

## これから求められる経営計画の在り方

　望ましい経営計画は、数値計画を中心としたものではありません。まず、会社の経営理念を作成し、社員の行動が一体になるような柱を立て、次に会社がどこに向かうかという経営ビジョンを示し、会社の大きな土台を作ります。それから、経営ビジョン達成のための数値計画や、その数値計画を達成するための施策、施策実現のための行動計画を作成して推進していきます。

### ▶経営計画の内容

　経営計画は、経営理念、経営ビジョン、環境分析、経営目標、経営方針、目標利益計画、主要施策、行動計画で構成されています。

　経営計画の土台となる経営理念によって会社の行動指針を明確にし、経営ビジョンによって会社の将来の目標を明示することにより、経営計

画の大きな枠組みを作ります。さらに、数値目標を達成するための施策や、その施策の具体的な行動計画を作成して、数値目標を実現する根拠を示していきます。

このように、単に数値目標中心ではなく、目標達成のための施策や行動計画をきちんと作成していくことが、望ましい経営計画の在り方と言えます。

### ▶経営計画作成のメリット

#### ①全社員で「経営計画の達成」という目標に向かえる

全社員が経営理念のもとに、統一した行動で同じ道を歩むようになります。そして、経営ビジョンを作成することにより、ビジョン達成に向かって全社員が一丸となって進んでいくことができます。

#### ②行動計画が明確になりビジョンを達成できる

経営計画は、主要施策をもとに作成した行動計画により実行していきます。これにより経営ビジョンの達成につながります。

### ▶経営計画作成上の課題

会社として経営理念や経営ビジョンなどを作成する場合は、その内容を検討して、まとめるには相当の時間がかかります。

特に経営理念は、企業の経営活動をしていく上での経営指針となりますので、会社に経営理念がない場合には、よく議論して作成する必要があります。

### ▶課題を乗り越えると力がつく

経営理念や経営ビジョンの作成には時間がかかりますが、そうした作成過程に社員が参加することで、自分たちのものとして経営理念や経営ビジョンを受け取ることができます。

こうしたことにより、社員がまとまるとともに、目指す方向に力を結集することで、課題を会社の力に変えることができます。

# 1-3

# 「全社員参加型」が
# 経営計画を達成するカギ

経営計画委員会を立ち上げ、社員参加型で経営計画を作成するのが推進
のポイント

## ✎ 社員参加型で経営計画を作成する意義

　コンサルタントの中には、社長だけで経営計画を作成すべきだという
意見があります。確かに社長が作成すれば早くできます。

　しかし、私の経験では、社長だけが作成したものは、社長命令で実施
させることはできても、成果がなかなか出ません。社員の意思が入って
いないものは、達成しようという「思い」につながらないからでしょう。

　ですから、私は経営計画の作成には社員に参加してもらうようにして
います。社長が一人で作成するより時間がかかるというデメリットはあ
りますが、社員にとっては自らが参加して作成したという思いが強くな
り、経営計画が成功しやすくなります。

## ✎ 経営計画委員会の立ち上げ

　社員参加型で経営計画を作成する場合、まずは経営計画委員会を立ち
上げましょう。経営計画委員会のメンバーは、社長、役員並びに各部門
から部門長または部門長に準じた社員を任命します。さらに、事務局と
して、総務部門あるいは企画部門から社員を任命し、必ず経営計画の進
行状況の議事録作成や資料の取りまとめをしてもらいます。

　このメンバーで毎月、経営計画委員会を開催し、経営計画を作成して
いきます。

## ✎ 経営計画作成の手順

　具体的には、次のことを検討していきます。

■経営計画の作成手順

①意義、②経営理念、③経営ビジョン（会社の将来構想や夢）、
④外部環境、⑤内部環境
⑥経営目標（事業目標や目標利益など）
⑦経営方針（目標達成のための人、物、金、情報などの経営資源の枠
　組み）
⑧目標利益計画（３か年の利益計画）、⑨月別目標利益計画
⑩主要施策（３か年の施策）、⑪行動計画
　　上記のほかに企業規模によっては、次の管理表を作成する。
⑫目標利益計画に基づいた１年目の予算管理表
⑬主要施策に基づいた１年目の行動計画管理表

## 経営計画の期間

　経営計画の期間は、３年が妥当でしょう。１年だと短期的すぎ、経営
ビジョンが描けません。経営ビジョンを考えると３年以上の期間が必要
になります。ただし、３年を超えると、環境変化の激しい今日では、作
成した計画と現実の内容が大きく乖離して、使いものにならなくなる可
能性が出てきます。

　こうしたことから、３年が妥当ではないかと考えます。

## 経営計画の見直し方

　経営計画は、毎年ローリング（計画と実績のすりあわせ）することが
望ましいでしょう。外部環境や内部環境に大きな変化があり、設定した
目標利益計画と大きく乖離する場合は、目標利益計画の変更を検討しま
す。また、外部環境や内部環境により、主要施策に影響がある場合、必
要により、主要施策を変更したり、追加したりします。

　なお、早期に終了してしまったものがある場合は、次年度以降の主要
施策から取り除いていきます。

# 経営計画の発表会を行なう

全社員に周知徹底する意味で、経営計画の発表会を開催する

## ✎ 経営計画を発表して周知させる

経営計画が完成した後、経営計画発表会を開催します。この目的は、経営計画の周知徹底です。

経営計画は、経営者や部門長のみ知っていれば良いというものではありません。全員が経営計画の内容を理解することが大切です。経営計画の内容を知っている人と知らない人がいたのでは、行動がバラバラになってしまいます。社員が一丸となれるよう、経営計画の発表会を行ない、経営計画の内容を全社員に周知させましょう。

## ✎ 経営計画の発表会の意義

### ▶社長の決意表明

作成した経営計画を何としても実行して、目標を達成させるという決意表明の場となります。

### ▶社員の決意表明

社員にとっても、社長同様に経営計画を実行するという決意表明の場となります。

### ▶コミュニケーションの醸成

全社員が1つの場所に集まり、経営計画の内容を通じてコミュニケーションを図ることができます。

### ▶情報の共有

経営計画の内容を全員が情報として共有することができます。

## 発表会の開催場所

　経営計画の開催場所ですが、原則としてホテルなどを借りて実施します。社外で実施したほうが、仕事の電話なども入らないため、集中できるからです。また、改まった場所で実施すると、経営計画が完成し、それを実施していこうという気分が高揚して全体が盛り上がります。

　しかし、ホテルなどを借りると、相応の費用がかかるので、会社の実情に合わせて行なってください。

　なお、予算の関係で発表会を改めて実施するほどの余裕がない場合は、会議室か食堂などを利用して実施してください。

　経営計画の発表会の具体的な手順は次の通りです。

■経営計画発表会の開催手順

---

**１．経営計画発表会の日時の決定**

　経営計画委員会で発表会の日時を決定する

**２．経営計画発表会の通知**

　社員全員に、発表会に出席するよう通知する。また、取引金融機関や取引先（お得意様や仕入先）にも案内状を出して、経営姿勢への理解を深めてもらう

**３．経営計画発表会の発表手順**

　①社長は、経営計画の作成の意義、経営理念、経営ビジョン、経営目標、経営方針を発表する

　②経理部門より、目標利益計画を発表する

　③各部門長より、部門の主要施策と行動計画を発表する

　④最後に、司会者により、質疑応答を行ない終了する

---

＊発表会後の懇親会は、経営計画についての情報交換の場となるので、できる限り行ないましょう

# 経営計画を作成するメリット

経営計画があることで、社員のやる気が上がり、全社員で目標を目指そうという意欲がわいてくる

## 📝 経営計画による自社内のメリット

### ▶社員のやる気が上がる

従来のように、今年度の売上目標だけを明示され、その売上を達成しても、将来自分たちがどういう姿になるのかわからないため、社員のやる気に結び付きません。

経営計画により、3年後あるいは5年後に会社はこうなりたいというきちんとしたビジョンが明示されると、社員はそれを達成しようとする意欲がわいてくるものです。

### ▶会社の目指す先が明確になる

経営計画により、経営ビジョンが明示されます。これにより、経営目標も定められるので、社員も迷うことなく進んでいくことができます。

### ▶効率的な経営ができる

経営計画に基づいて活動していくので、ムダな行動がなくなります。具体的には、3年後あるいは5年後の全体の目標が設定され、その目標に基づいて各部門が部門目標を設定し、活動していくので、部門間でそれぞれが違った方向に進むことがなくなります。

### ▶自社の外部環境が明確になる

普段、業界の動向は、関連した新聞などで理解しているものの、外部環境を分析する機会はなかなかありません。

自社の置かれている経済環境、競争環境、市場環境、労働環境、業界環境などを分析して、自社の外部環境がどのように変化しているかをつかむことができます。

#### ▶自社の力を知ることができる

経営計画の中で、自社の強みと弱みを分析するため、商品で言えば、どの商品やサービスが業界において強いのかが明確になります。また、逆にどの商品やサービスが弱いのかもわかります。

さらに、財務面や労働面などからも自社の強みや弱みを理解することができます。

中小企業では、なかなか自社の強みや弱みをしっかり理解している経営者はいません。経営者に強みをお聞きすると、「真面目に仕事をしています」「納期がきちんとしています」という回答が返ってくることがありますが、これでは不十分です。

自社の強みや弱みを深く理解して、はじめて競争で戦えるようになると私は考えています。

#### ▶金融機関からの評価向上が期待できる

『中小企業白書』にも、金融機関が中小企業の経営計画を重要視している記述が、過去何度も出ています。具体的には、経営理念、売上・利益計画、資金繰り計画などの作成が求められています。

したがって、こうした内容を組み込んだ経営計画を作成していくことが金融機関の評価向上につながるものと思われます。

**■経営計画があることによる会社のメリット**

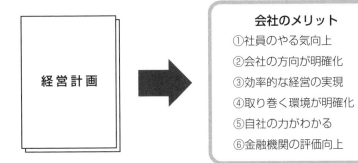

経営計画 →

**会社のメリット**
①社員のやる気向上
②会社の方向が明確化
③効率的な経営の実現
④取り巻く環境が明確化
⑤自社の力がわかる
⑥金融機関の評価向上

# 経営計画で金融機関からの評価の向上が期待できる

経営計画を金融機関に伝え、考え方を共有することで支援を受けやすくなる

## ✎ 経営計画作成で金融機関から得られるメリット

### ▶会社の将来を見てもらえる

経営計画がない会社の場合、会社がどのような方向に向かっているのかわかりません。経営計画があれば、金融機関はそれを見て、取引先がどのような将来を描いているかを知ることができます。

### ▶アドバイスや支援が受けやすくなる

経営計画により、会社のビジョンや行動計画が明確になるため、金融機関も共通認識を持って支援することができます。

具体的には、会社の経営計画で問題が発生した場合、金融機関から問題点を解消するためのアドバイスを受けやすくなります。また、経営計画の進捗状況を検証してもらうことで、改善のアドバイスを受けることもできます。

### ▶資金面での支援が受けやすくなる

経営計画により、あらかじめ目的が明確になっている資金用途であれば、金融機関としても資金支援はしやすいものです。ところが、経営計画のない会社の場合は、目標が定まらないため、収入と支出も成り行き的な管理となり、突然、資金がショートする可能性も出てきます。突然の資金ショートには、金融機関も対応できないケースがあります。

### ▶会社の計画している内容と進捗状況を把握してもらえる

会社がどのような設備投資や実施計画を予定しているのか、経営計画で把握してもらうことができます。

そして、経営計画の進捗を継続的に確認してもらうことにより、経営

計画が予定通りに進んでいるかどうか検証できます。また、設備資金等の融資により導入した設備の稼働状況や、月次の予算実績管理によって資金繰り状況も確認してもらうことができます。

### ▶債務者区分の引き上げにつながる

経営計画により、会社のビジョンと経営目標が明確になり、経営目標を達成して業績が向上すれば、金融機関からの評価が向上していきます。その結果、債務者区分の引き上げにつながります。

## 経営計画による金融機関との関わり方

### ▶経営計画を事前説明を行なう

経営計画を作成したら、その内容を金融機関の担当者に説明します。特に、融資を受けている場合、あるいは将来、設備投資などに伴って金融機関からの新たな融資を予定している場合には、返済を考慮した財務計画を立て、それを検証してもらうことになります。

### ▶経営計画の発表会への出席を依頼する

金融機関への事前説明が終了したら、全社員に対して経営計画を発表します。その発表会に金融機関の担当者を招待し、会社の経営計画に対する決意を聞いてもらうとともに経営計画を共有してもらいます。

### ▶経営計画の進捗について定例報告を行なう

経営者は、毎月、自社の経営計画の進捗会議の結果に基づき、経営計画の進捗状況を金融機関の担当者に説明します。具体的には、前月までの月次の目標利益計画の実績と行動計画の成果です。また、問題点があれば併せて報告し、必要ならば金融機関からアドバイスをもらいます。

### ▶経営計画の結果について年次報告を行なう

1年が終了した時点で、自社で目標利益計画や行動計画の成果などの年度総括を行ない、A4用紙1枚の経営計画の「総括」または「総括報告書」により金融機関の担当者に説明します（179ページ参照）。

また、経営計画の最終年度においては、当初予定していた経営目標が達成されたかを中心に説明します。

### ▶次期の経営計画の事前説明を行なう

経営計画の最終年度において、最終年度の計数を中心とした着地予想をもとに、次期の経営計画を作成し、その内容を金融機関の担当者に説明します。その際、金融機関の担当者からアドバイスなどがあれば経営計画を見直すときに反映させます。

### ▶経営計画の定例外の報告も行なう

定例報告の他に、外部環境の変化などで現状と経営目標や施策が大きく乖離して変更した場合には、その都度金融機関の担当者に報告します。

### ▶金融機関の会社訪問時の留意点

経営計画の発表会などで金融機関の担当者を会社に招くことがあります。このようなとき、事務所や工場の職場環境や社員の応対などがしっかりできていなければ、会社の経営姿勢が問われかねません。普段から5S（整理、整頓、清掃、清潔、躾）をきちんと進めておく必要があります。

まず、事務所や工場の3S（整理、整頓、清掃）から実施しましょう。それから、清潔面では社内の標準化を目指し、躾面ではルールを守ることができるようにしていきます。5Sは、職場環境の基本であることを理解してきちんと実践してください。詳細については92ページで解説します。

## 🖋 金融機関から評価されるポイント

企業の評価は、決算書の内容だけではありません。

経営者や現場責任者の面談をしたり、事務所や工場などを視察したりする中で得た情報も含め、総合的に金融機関から評価・判断されます。金融機関が評価するポイントを次にあげます。参考にできるものがあれば、ぜひ取り入れてください。

## ■ 金融機関が企業を評価するポイント

### 1　経営状況の報告

経営計画を作成している場合と作成していない場合で、企業を評価するポイントは異なります。別々に確認してください。

**（1）経営計画を作成している場合**

①経営計画を作成する際に、金融機関からアドバイスを受ける。

②経営計画の発表会に金融機関を招待する。

③月次の目標利益計画の前月実績と行動計画の前月実績を金融機関に報告するととともに、計画を下回っている場合には改善策も伝える。

なお、金融機関からも改善策についてアドバイスを受ける。

④前月の試算表の内容を金融機関に報告する。

⑤外部環境の変化などで経営計画を変更せざるをえない場合には、金融機関に速やかに報告する。

⑥年度終了後には、Ａ４用紙１枚の経営計画の「総括」または「総括報告書」により金融機関に成果を報告する。

また、決算書の内容を金融機関に報告して、改善策についてアドバイスを受ける。

**（2）経営計画を作成していない場合**

①毎月、経営状況を報告する。

前月の試算表と次の内容を金融機関に報告しアドバイスを受ける。

・自社を取り巻く経営環境

・営業推進状況と売上、製品・商品あるいは工事の利益状況

・前月の損益計算書、貸借対照表の主要科目の変動内容

・今後の改善策

②決算終了後、次の内容を金融機関に報告しアドバイスを受ける。

・決算書

・次年度の改善策

・次年度の年度予算（損益ベース）と重点施策

## 2 職場環境の整備

①整理、整頓、清掃の３Ｓを実行する。
　特に、トイレ、事務所裏、倉庫など目の届きにくいところの清掃は徹底する。
②清潔、躾を実行する。
　・３Ｓ（整理、整頓、清掃）の維持
　・お客様に気持ちの良い挨拶（大きな声の挨拶と笑顔）
　・お客様への敬語の徹底（尊敬語、謙譲語、丁寧語を使い分ける）
　・お客様におもてなしの接客（送り迎え、応接対応、施設案内など）

## 3 管理体制の整備

**（全体）**
①経営計画を作成して進捗管理をする。
②毎月試算表により実績を分析する。
③朝会を実施し、実績計数の発表をして全員で進捗状況を共有する。
④５Ｓ活動、改善提案活動を行なう。
**（会議）**
⑤経営会議を毎月実施し、経営状況や経営課題を検討する。
⑥営業会議を毎月実施し、営業推進、営業課題、回収状況を検討する。
**（製品・商品・工事）**
⑦製品・商品など将来の開発、企画を考える。
⑧製品・商品・工事の個別採算管理を徹底する。
⑨Quality（品質）、Cost（コスト）、Delivery（納期）の視点から改善する。
**（設備）**
⑩本社社屋など、直接製品に関係ないところにお金をかけない。
⑪企業の成長に合わせた設備投資をする。
**（社員）**
⑫社員教育制度を持ち、社員の育成をする。
⑬モチベーションを高め、社員の定着率を上げる。
**（経理）**
⑭毎月、資金繰り表により、資金管理をする。

## 4 経営者の行動

①企業規模を超える投資をしない。
②公私混同をしない。
③ムダな接待交際費を支出しない。
④社外の集会では仕事につながる情報収集をする。経営理念に基づいて一貫した言動を行なう。

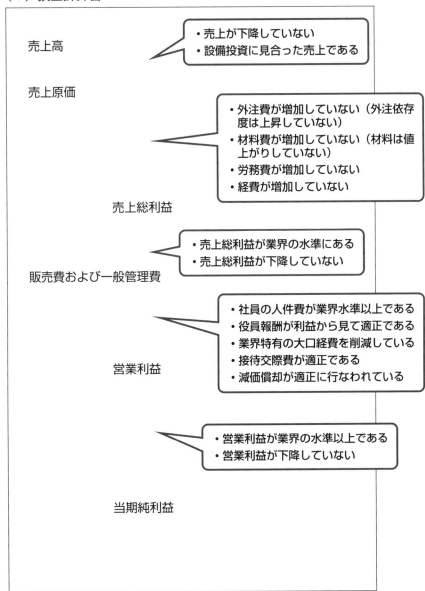

## 5　計数の状況

### （1）損益計算書

売上高

・売上が下降していない
・設備投資に見合った売上である

売上原価

・外注費が増加していない（外注依存度は上昇していない）
・材料費が増加していない（材料は値上がりしていない）
・労務費が増加していない
・経費が増加していない

売上総利益

・売上総利益が業界の水準にある
・売上総利益が下降していない

販売費および一般管理費

・社員の人件費が業界水準以上である
・役員報酬が利益から見て適正である
・業界特有の大口経費を削減している
・接待交際費が適正である
・減価償却が適正に行なわれている

営業利益

・営業利益が業界の水準以上である
・営業利益が下降していない

当期純利益

## （2）貸借対照表

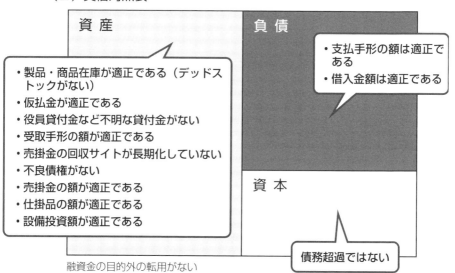

融資金の目的外の転用がない

## （3）比率分析

（総合）
①収益性（総資本利益率、売上高利益率）が、時系列比較で良くなっている。業界比較で水準以上である。
②効率性（総資本回転率）が、時系列比較で良くなっている。業界比較で水準以上である。
③安全性（流動比率、固定比率）が、時系列比較で良くなっている。業界比較で水準以上である。

## 6　経営姿勢

①経営者間でもめごとがない。
②社員の退職、入社が頻繁でない。
③社内のコミュニケーションが良い。
④販売先や仕入先との関係が良い。
⑤販売先や仕入先の評判が良い。
⑥商品やサービスにブランド力がある。
⑦給与、税金、公的保険料に遅配はない。
⑧商品クレームが増えていない。

## 7　金融機関との関係

①正しい決算書を作成している

②正しい報告をしている

③約束を守っている

# 中小企業の経営計画は
# Ａ４用紙１枚で作る

# 経営計画は
# Ａ４用紙１枚にまとめる

経営計画はポイントを押さえてシンプルにまとめると、作りやすく、理解しやすくなる

## ✎ 経営計画はコンパクトに

　経営計画については、コンサルティングで企業を訪問すると各社各様の経営計画を見ることができます。これは、決算書のように様式が定められていないためです。

　経営理念から始まって、経営ビジョン、経営目標、経営課題、企業環境分析、自社経営力分析、利益計画、資金計画、販売計画、生産計画、設備投資計画、人員計画、製品の需要予測、売上高傾向分析、新製品計画、研究開発計画、部門別計画など、いろいろな計画を作成し、50枚を超える場合もあります。

　大企業の場合は、経営計画作成のための事務局などを設け、専任の担当者を置くことができますが、中小企業の場合は、人数が限られていて、経営計画を作る専任のスタッフがいないことがほとんどです。売上高が10億円未満の企業になると部門や職務を兼任したりしています。これでは、経営計画を作ろうとしても、日常の仕事に追われ、なかなか時間を作ることができません。ましてや、経営計画が煩雑になればなるほど作成するのが難しくなります。この結果、せっかく経営計画を作成しようとしても途中でやめてしまったり、売上計画だけで終了したりしてしまう企業があります。

　こうした状況から、なんとか簡単に作成できる経営計画を作ることができないかと考えたものが、本書で紹介するＡ４用紙１枚の経営計画です。Ａ４用紙１枚の経営計画に、必要と考える項目がすべて収まるように作成してあります。

■ 経営計画の基本部分

- 意義──なぜ経営計画を作成するかについて、この機会に全社員が理解するために重要
- 経営理念──企業の行動指針になるためのもので、いわば企業の憲法
- 経営ビジョン──経営計画の中心になるもので、これを達成することを目指して経営計画を実行していく
- 外部環境分析・内部環境分析──経営目標のもとになる
- 経営目標──経営ビジョンにつながっていく重要な目標
- 経営方針──経営目標を実現するための、「人、物、金、情報」の取り扱いを決めるもの

　上記の基本部分をもとに、経営計画が展開されていきます（次ページ参照）。まず、3年間の「目標利益計画」と、初年度の「月別目標利益計画」です。そして、この目標利益計画を達成するために、3年間の「主要施策」と、主要施策達成のための「行動計画」を作成します。

■ 経営計画のフロー

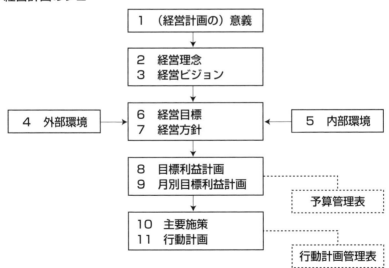

＊行動計画を行動計画管理表で管理していく場合は、後述するPDCAで運用していきます

## ■Ａ４用紙１枚の経営計画のフォーマット

○○会社　　　　　　　　　　　　　　　　経営活動の基本　　　　　　経営計画
【計画期間：　　　　年度〜　　　　年度】　　　　　　　　　　　　　（副題：　　　）

| 1．意義 | |
| --- | --- |

| 2．経営理念 | |
| --- | --- |

| 3．経営ビジョン（３年後あるいは将来） | |
| --- | --- |

| 6．経営目標（３年後） | |
| --- | --- |

**4．外部環境**

| ○○環境 | （機会）：<br>（脅威）： |
| --- | --- |
| ○○環境 | （機会）：<br>（脅威）： |
| ○○環境 | （機会）：<br>（脅威）： |
| ○○環境 | （機会）：<br>（脅威）： |
| その他環境 | （機会）：<br>（脅威）： |

**5．内部環境**

| 強　み | |
| --- | --- |
| 弱　み | |

**7．経営方針**

### 10．主要施策

| 部門 | ○○年度 | ○○年度 | ○○年度 |
| --- | --- | --- | --- |
| ○○部門 | | | |
| ○○部門 | | | |
| ○○部門 | | | |
| ○○部門 | | | |

### 11．○○年度の行動計画

| 部門 | 具体的行動内容 |
| --- | --- |
| ○○部門 | |
| ○○部門 | |
| ○○部門 | |
| ○○部門 | |

具体的に実施することの内容

34

　　　**計数目標**　　　○○年○○月○○日作成

## 8. 目標利益計画

（単位：百万円）

| 項目 | ○○年度計画 | ○○年度計画 | ○○年度計画 |
|---|---|---|---|
| 売上高 | | | |
| 売上原価 | | | |
| 売上総利益 | | | |
| 一般管理費等 | | | |
| 営業利益 | | | |

| ○○年度実績 | 成果と反省 |
|---|---|
| | |
| | |
| | |
| | |

## 9. ○○年度の月別目標利益計画

（単位：百万円）

| 項目 | 区分 | ○月 | ○月 | ○月 | ○月 | ○月 | ○月 | ○月 | ○月 | ○月 | ○月 | ○月 | ○月 | 合計 |
|---|---|---|---|---|---|---|---|---|---|---|---|---|---|---|
| 売上高 | 計画 | | | | | | | | | | | | | |
| | 実績 | | | | | | | | | | | | | |
| 売上原価 | 計画 | | | | | | | | | | | | | |
| | 実績 | | | | | | | | | | | | | |
| 売上総利益 | 計画 | | | | | | | | | | | | | |
| | 実績 | | | | | | | | | | | | | |
| 一般管理費等 | 計画 | | | | | | | | | | | | | |
| | 実績 | | | | | | | | | | | | | |
| 営業利益 | 計画 | | | | | | | | | | | | | |
| | 実績 | | | | | | | | | | | | | |

## 12. ○○年度の総括（成果と反省）

| 責任者 | 区分 | ○月 | ○月 | ○月 | ○月 | ○月 | ○月 | ○月 | ○月 | ○月 | ○月 | ○月 | ○月 | 成果と反省 |
|---|---|---|---|---|---|---|---|---|---|---|---|---|---|---|
| | 計画 | | | | | | | | | | | | | |
| | 実績 | | | | | | | | | | | | | |
| | 計画 | | | | | | | | | | | | | |
| | 実績 | | | | | | | | | | | | | |
| | 計画 | | | | | | | | | | | | | |
| | 実績 | | | | | | | | | | | | | |
| | 計画 | | | | | | | | | | | | | |
| | 実績 | | | | | | | | | | | | | |
| | 計画 | | | | | | | | | | | | | |
| | 実績 | | | | | | | | | | | | | |
| | 計画 | | | | | | | | | | | | | |
| | 実績 | | | | | | | | | | | | | |
| | 計画 | | | | | | | | | | | | | |
| | 実績 | | | | | | | | | | | | | |
| | 計画 | | | | | | | | | | | | | |
| | 実績 | | | | | | | | | | | | | |

（注）「実績」欄、「成果と反省」欄は、完了のつど記入します。

# 良い経営計画は
# 具体的に記載されている

経営計画の項目1つひとつが明確でわかりやすいと行動しやすい

## ✏️ 経営計画の良い例

　38〜39ページの経営計画は、地方都市のカステラ製造会社の実例です。売上高は5.5億円。社員は50人います。

　カステラのみを製造しており、地方都市では老舗となっています。今後は、地域No.1を目指すとともに、首都圏にも進出を予定しています。

　この経営計画の最大の目標は、経営計画の副題にも掲げていますが、3年後売上高7億円と売上高営業利益率7％です。この目標のもとに、経営計画全体のシナリオが作成されています。もちろん、この目標の先には、地域No.1という経営ビジョンがあります。

### ■経営計画のポイント

- 意義
　自社の置かれている立場と課題を明確に示すとともに、目指す先もしっかり打ち出している。なぜ、経営計画を立てるのかを全社員がきちんと理解できると、経営計画の実行がスムーズに運ぶ
- 経営理念
　家庭に笑顔を届けるというモノサシを提示していて、このモノサシをモットーとして活動していくことになる
- 経営ビジョン
　地域シェアNo.1としている。競争が激しい業界において、No.1になることは容易ではないが、No.1こそが地場で生き残る道と考えている。社員にとっても、わかりやすいビジョンとなっている
- 外部環境

政治環境から市場環境までコンパクトにまとめている。自社の置かれている環境を理解し、その環境に適用した行動をとることができる

・内部環境

自社の強みを３点あげているため、自信を持って進んでいくことができる。一方、自社の弱い点も３点捉えていて、自社の課題が明確になっている

・経営目標

財務目標として売上高と売上高営業利益率を、業務目標としてカステラ素材の○○新商品の開発を掲げている。売上高と利益率を押さえたところはバランスがとれているし、新商品開発を目指している点も良い

・経営方針

経営目標、環境、利益計画をもとに、会社として取り組むべき方針を４つの視点（人、物、金、情報）から作成している

・目標利益計画

経営目標をもとに、月別目標利益計画も季節要因を考慮して作成している

・主要施策

目標利益計画をもとに、部門別に実施していく課題を期日と定量で示している。期日と定量は年度で成果を測れるのでキーワードとなる

・行動計画

主要施策を受けて、具体的にどう実施していくかを月別で記載してある。また、現状と比較し、問題がないかをしっかり検証することが重要

■ 良い経営計画は、行動計画から経営ビジョンまで連動している

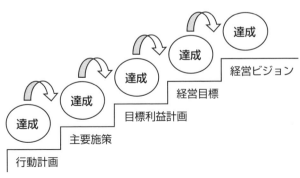

# ■カステラ製造会社の経営計画書の例

## ○○カステラ製造株式会社
【計画期間：○年度～○年度】

# 経営計画
（副題：プロジェクト　77）

### 1．意義

当社を取り巻く状況としては、家計消費支出を見ると菓子類全体としては増加傾向にあるにもかかわらず、カステラに関しては減少傾向にある。
一方、社内では、社員の技術職の高齢化が進み若年層の教育が必要となっている。
こうした状況において、当社の経営基盤を確かなものにするために、今回、経営計画を作成した。この経営計画に従って、全員が共通の認識を持って進んでいってもらいたい。
経営ビジョンは、「○○地域のシェアNo.1」である。このビジョンのもとに経営目標を作成している。
また、全員に経営計画の目標をわかりやすくするために、『プロジェクト77』のサブタイトルを付けた。77とは、売上高7億円、売上高営業利益率7％をいう。

### 2．経営理念

1．カステラで、家庭に笑顔を届ける。
2．カステラのおいしい味を追求する。

### 3．経営ビジョン（3年後あるいは将来）

○○地域のシェアNo.1になる。

### 6．経営目標（3年後）

1．売上高　7億円
2．売上高営業利益率　7％
3．カステラ素材の○○新商品の開発

### 4．外部環境

| | | |
|---|---|---|
| 政治環境 | （機会）：法改正等で国内に外国人が増え ている。 | |
| | （脅威）：規制緩和を打ち出し、各業種、業 | |
| 経済環境 | （機会）：低金利で推移している。 | |
| | （脅威）：景気が低迷しているため、消費 | |
| 社会環境 | （機会）：インターネットやSNSの普及 きる。 | |
| | （脅威）：労働力人口が減少している。 | |
| 市場環境 | （機会）：付加価値の高い商品が求められ | |
| | （脅威）：お菓子類をはじめ、嗜好品が常 | |
| その他環境 | （機会）：世代交代の中で、良い商品であ | |
| | （脅威）：カステラの老舗の地盤が固く、 | |

### 5．内部環境

| | |
|---|---|
| 強　み | ・創業34年の歴史を持ち、3代目として ・地域では、当社のカステラの味が定着 ・独自のカステラ製造技術を保有し付加 発できる。 |
| 弱　み | ・年功序列的な体質が温存しているとと いる。 ・生産の管理が確立していないため、原 ・営業先が固定化しており、新規開拓が |

### 7．経営方針

（人）：人材教育を進めて能力開発を行なう。
（物）：新規機械導入等により生産効率と生産管理を
（金）：設備資金、運転資金管理を徹底する。
（情報）：社内システムを整備し、業務の効率化を図る

### 10．主要施策

| 部門 | ○年度 | ○年度 | ○年度 |
|---|---|---|---|
| 共通部門 | ・5S活動の導入・推進 （4月～3月） | ・改善提案制度の導入 推進（4月～3月） | ・新人事制度の構築 賃金体系の見直し |
| | ・HACCPの導入 認証取得準備9月開始 | ・HACCPの認証取得 認証審査6月合格 | ・HACCPの継続 |
| 営業部門 | ・新規百貨店の開拓 2先開拓 | ・新規卸ルートの開拓 1先開拓 | ・イベントの推進 百貨店等イベントに参 加 |
| | ・ネット店舗販売の推進 ネット売上5％増加 | ・直販店、軽食店の強化 店舗の売上5％増加 | ・新店舗を出す 1店舗新設 |
| 製造部門 | ・新商品開発と開発体制 整備　2商品開発 | ・新商品の開発 2商品開発 | ・新商品の開発 2商品開発 |
| | ・工場の省人化、効率化 生産コスト5％削減 | ・作業手順書の整備 製造に関わる手順書完 成 | ・経費のムダの削減 経費5％削減 |
| 総務部門 | ・社員の教育体系の構築 | ・社員のスキルマップと スキルアップ計画の作 成・実行 | ・社内基準の整備 |
| | ・受発注システム導入で 在庫10％削減 | ・資金繰り表による資金 管理 | ・経理の見える化の構築 |

### 11．○年度の行動計画

| 部門 | 具体的行動内容 |
|---|---|
| 共通部門 | ・5S委員会を立ち上げ、全社で5S活 動する。（整理、整頓、清掃、清潔、 躾まで実施） |
| | ・HACCP委員会を立ち上げ認証取得を 進める。 （来年6月に認証取得） |
| 営業部門 | ・新規百貨店をリストアップしセールス する。 （2件は開拓する） |
| | ・社外のネット専門店舗に参加をする。 （ネット売上5％に増加） |
| 製造部門 | ・開発リーダーを中心に高級品開発をす る。 （年間2商品を開発） |
| | ・機械導入による省人化と生産ラインの 効率的な運用を行なう。 （生産コスト5％削減） |
| 総務部門 | ・階層別に必要項目を洗い出し、教育の 体系化を図る。 |
| | ・受発注システムを導入して在庫の把握 を行ない、在庫保有を10％削減する。 |

○年度　　　　　　　　　　　　　　　　　　　　　　　○年○月○日作成

］菓子のニーズも増加し

閐間の競争が増している。

［抑えられている。

、容易に商品が購入で

ている。
：新規開発されている。

：ば選択されていく。
かなか崩せない。

］域の信頼を得ている。
ている。
：価の高いカステラを開

：に社員が高年齢化して

：価となることがある。
：きていない。

：高めていく。

## 8．目標利益計画

（単位：百万円）

| 項目 | ○年度計画 | ○年度計画 | ○年度計画 | ○年度実績 | 成果と反省 |
|---|---|---|---|---|---|
| 売上高 | 600 | 650 | 700 | | |
| 売上原価 | 360 | 357 | 350 | | |
| 売上総利益 | 240 | 293 | 350 | | |
| 一般管理費等 | 210 | 254 | 301 | | |
| 営業利益 | 30 | 39 | 49 | | |

## 9．○年度の月別目標利益計画

（単位：百万円）

| 項目 | 区分 | 4月 | 5月 | 6月 | 7月 | 8月 | 9月 | 10月 | 11月 | 12月 | 1月 | 2月 | 3月 | 合計 |
|---|---|---|---|---|---|---|---|---|---|---|---|---|---|---|
| 売上高 | 計画 | 40 | 40 | 60 | 80 | 40 | 40 | 40 | 60 | 80 | 40 | 40 | 40 | 600 |
| | 実績 | | | | | | | | | | | | | |
| 売上原価 | 計画 | 24 | 24 | 36 | 48 | 24 | 24 | 24 | 36 | 48 | 24 | 24 | 24 | 360 |
| | 実績 | | | | | | | | | | | | | |
| 売上総利益 | 計画 | 16 | 16 | 24 | 32 | 16 | 16 | 16 | 24 | 32 | 16 | 16 | 16 | 240 |
| | 実績 | | | | | | | | | | | | | |
| 一般管理費等 | 計画 | 14 | 14 | 21 | 28 | 14 | 14 | 14 | 21 | 28 | 14 | 14 | 14 | 210 |
| | 実績 | | | | | | | | | | | | | |
| 営業利益 | 計画 | 2 | 2 | 3 | 4 | 2 | 2 | 2 | 3 | 4 | 2 | 2 | 2 | 30 |
| | 実績 | | | | | | | | | | | | | |

## 12．○年度の総括（成果と反省）

| 責任者 | 区分 | 4月 | 5月 | 6月 | 7月 | 8月 | 9月 | 10月 | 11月 | 12月 | 1月 | 2月 | 3月 | 成果と反省 |
|---|---|---|---|---|---|---|---|---|---|---|---|---|---|---|
| 5S委員長 | 計画 | | | | | | | | | | | | ▶ | |
| | 実績 | | | | | | | | | | | | | |
| 専務 | 計画 | | | | | | | | | | | | | |
| | 実績 | | | | | | | | | | | | | |
| 営業部長 | 計画 | | | | | | | | | | | | ▶ | |
| | 実績 | | | | | | | | | | | | | |
| 営業部長 | 計画 | | | | | | | | | | | | ▶ | |
| | 実績 | | | | | | | | | | | | | |
| 製造部開発リーダー | 計画 | | | | | | | | | | | | ▶ | |
| | 実績 | | | | | | | | | | | | | |
| 製造部長 | 計画 | | | | | | | | | | | | ▶ | |
| | 実績 | | | | | | | | | | | | | |
| 総務部長 | 計画 | | | | | | | | | | | | ▶ | |
| | 実績 | | | | | | | | | | | | | |
| 総務部長 | 計画 | | | | | | | | | | | | ▶ | |
| | 実績 | | | | | | | | | | | | | |

# 2-3

# 悪い経営計画は
# 抽象的でわかりにくい

経営計画の項目は抽象的な記載では理解できないため、行動できない

## 🖊 経営計画の悪い例

　42～43ページの経営計画は、首都圏にあるシステム開発を営む会社です。売上高は2億円で、主な仕事はシステム開発の受託とシステム開発要員の派遣です。社員は現在、20名です。

　システム開発業界への新規参入業者は増えており、競争が激化しています。また、システムの受託も低単価になり、採算が厳しい状況にあります。そうした中で、今後は自社で製造業等に対応したオリジナルのシステム開発を予定をしています。また、システム要員の派遣についても、新たな派遣先の開拓を積極的に行なう予定です。

### ■経営計画のポイント

- 意義
　副題が未設定のため、この経営計画の狙いがすぐにはわからない。全体を見なくてもわかるような副題がほしい
- 経営理念
　「チャレンジ」自体は良いけれど、具体的にどのようなことなのかがわからない。もう少し具体的な表現にしていく必要がある
- 経営ビジョン
　「顧客の拡大」という表現だと、目指すビジョンとしては非常に抽象的である。将来の具体的な夢のようなものをあげてほしい
- 外部環境
　コンパクトにまとめている。自社の置かれている環境を理解すれば、その環境に適応した行動をとることができる

- 内部環境

　自社の強みを２点あげていて、社員にとってわかりやすい。また、自社の弱みも２点あげていて、自社の課題がわかりやすい

- 経営目標

　抽象的な目標であいまいになっている。目標と言うからには、定量的な目標も設定し、成果を測定できるものも組み込まなければ、達成度がわからない

- 経営方針

　会社として取り組むべき方針を４つの視点（人、物、金、情報）から簡潔にまとめている

- 目標利益計画

　売上が毎年倍増しているが、この根拠が主要施策に書かれていない。単に願望の意味であげたのであれば、目標を達成することは難しい。達成する根拠を主要施策などに反映させることが重要である

- 月別目標利益計画

　毎月一律同じ金額で、季節要因などを勘案していない。前年度などを参考に月別の計数を現実的なものに修正する必要がある

- 主要施策

　単純な施策目標があげられているが定量的な目標がない。主要施策に定量的な目標を入れなければ施策の効果が測定できない

- 行動計画

　主要施策を受けて行動内容を作成するものだが、具体的に何をどのように実施するのかが書かれていない。ただ「○○する」というだけではなく、どのように達成を目指すかを明記することが大切である

■経営計画に連動性と適切性がなければ、経営ビジョンは達成できない

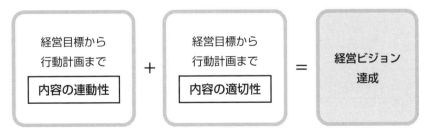

41

## ○○システム株式会社
【計画期間：○年度～○年度】

# 経営計画書
（副題：未設定）

## 1．意義

当社を取り巻く環境は、競合他社との受注競争もあり、利益が減少している。
一方、社内では、長時間労働が常態化しており、社員の離職率が高い。
こうした状況において、従来の成り行き的な管理や物事の進め方を改め、
計画経営を進めたいと思い、経営計画を作成した。
この経営計画においての経営ビジョンは、顧客の拡大である。
このビジョンのもとに全員で頑張っていく。

## 2．経営理念

チャレンジ

## 3．経営ビジョン（3年後あるいは将来）

顧客の拡大

## 6．経営目標（3年後）

全員営業

## 4．外部環境

| 政治環境 | （機会）：電子取引や電子媒体による<br>（脅威）：個人情報保護が強化してい |
|---|---|
| 経済環境 | （機会）：金融機関の貸出し低金利で<br>（脅威）：人口が減少傾向にあるとと |
| 社会環境 | （機会）：システム化か各分野で進め<br>（脅威）：システムが高度化してお |
| 市場環境 | （機会）：企業の合理化のために新た<br>ている。<br>（脅威）：システム会社の競争が増え |
| その他環境 | （機会）：あらゆる分野でシステムた<br>（脅威）：労働時間の短縮など働きた |

## 5．内部環境

| 強　み | ・創業20年の歴史があり安定し<br>がある。<br>・当社が開発した在庫管理システ |
|---|---|
| 弱　み | ・社員が定着しない。<br>・在庫管理システム以外に独自シス |

## 7．経営方針

| （人）　：人材の定着化を図る。 |
|---|
| （物）　：設備の保守強化を図る。 |
| （金）　：資金繰り管理を行なう。 |
| （情報）：情報管理と活用を行なう。 |

## 10．主要施策

| 部門 | ○年度 | ○年度 | ○年度 |
|---|---|---|---|
| 共通部門 | ・5S活動の導入 | ・5S活動の定着化 | ・改善提案制度の導入 |
| | ・ISO27000認証取得<br>の準備 | ・ISO27000認証取得 | ・ISO27000の運用 |
| 営業部門 | ・開発案件の営業 | ・開発案件の営業 | ・開発案件の営業 |
| | ・システム派遣先の拡<br>大 | ・システム派遣先の拡<br>大 | ・システム派遣先の拡<br>大 |
| 制作・<br>印刷部門 | ・自社独自システム開<br>発 | ・自社独自システム開<br>発 | ・自社独自システム開<br>発 |
| | ・派遣先の開発力強化 | ・派遣先の開発力強化 | ・派遣先の開発力強化 |
| 総務部門 | ・人材教育 | ・人材教育 | ・人材教育 |
| | ・社内事務の効率化 | ・社内事務の効率化 | ・社内事務の効率化 |

## 11．○年度の行動計画

| 部門 | 具体的行動内容 |
|---|---|
| 共通部門 | ・5Sを推進する。 |
| | ・ISO27000認証取得の準備をする。 |
| 営業部門 | ・開発案件の営業をする。 |
| | ・システム派遣先の拡大をしていく。 |
| 開発部門 | ・自社独自のシステムを構築する。 |
| | ・派遣先の開発力を強化する。 |
| 総務部門 | ・人材育成する。 |
| | ・社内事務を合理化していく。 |

左端（切れている文）:
告を促進している。

移している。
に高齢化が進んでいる。

発ニーズは高い。
い技術力が求められる。

システムの開発がされ

いる。

められている。
革が推進されている。

システム開発の派遣先

、業界では評価が高い。

ムがない。

## 8．目標利益計画

(単位：百万円)

| 項目 | ○年度計画 | ○年度計画 | ○年度計画 |
|---|---|---|---|
| 売上高 | 240 | 500 | 1,000 |
| 売上原価 | 180 | 375 | 750 |
| 売上総利益 | 60 | 125 | 250 |
| 一般管理費等 | 48 | 100 | 200 |
| 営業利益 | 12 | 25 | 50 |

| ○年度実績 | 成果と反省 |
|---|---|
|  |  |
|  |  |
|  |  |
|  |  |

## 9．○年度の月別目標利益計画

(単位：百万円)

| 項目 | 区分 | 4月 | 5月 | 6月 | 7月 | 8月 | 9月 | 10月 | 11月 | 12月 | 1月 | 2月 | 3月 | 合計 |
|---|---|---|---|---|---|---|---|---|---|---|---|---|---|---|
| 売上高 | 計画 | 20 | 20 | 20 | 20 | 20 | 20 | 20 | 20 | 20 | 20 | 20 | 20 | 240 |
|  | 実績 |  |  |  |  |  |  |  |  |  |  |  |  |  |
| 売上原価 | 計画 | 15 | 15 | 15 | 15 | 15 | 15 | 15 | 15 | 15 | 15 | 15 | 15 | 180 |
|  | 実績 |  |  |  |  |  |  |  |  |  |  |  |  |  |
| 売上総利益 | 計画 | 5 | 5 | 5 | 5 | 5 | 5 | 5 | 5 | 5 | 5 | 5 | 5 | 60 |
|  | 実績 |  |  |  |  |  |  |  |  |  |  |  |  |  |
| 一般管理費等 | 計画 | 4 | 4 | 4 | 4 | 4 | 4 | 4 | 4 | 4 | 4 | 4 | 4 | 48 |
|  | 実績 |  |  |  |  |  |  |  |  |  |  |  |  |  |
| 営業利益 | 計画 | 1 | 1 | 1 | 1 | 1 | 1 | 1 | 1 | 1 | 1 | 1 | 1 | 12 |
|  | 実績 |  |  |  |  |  |  |  |  |  |  |  |  |  |

## 12．○年度の総括（成果と反省）

| 責任者 | 区分 | 4月 | 5月 | 6月 | 7月 | 8月 | 9月 | 10月 | 11月 | 12月 | 1月 | 2月 | 3月 | 成果と反省 |
|---|---|---|---|---|---|---|---|---|---|---|---|---|---|---|
| 全員 | 計画 |  |  |  |  |  |  |  |  |  |  |  |  |  |
|  | 実績 |  |  |  |  |  |  |  |  |  |  |  |  |  |
| 部長 | 計画 |  |  |  |  |  |  |  |  |  |  |  |  |  |
|  | 実績 |  |  |  |  |  |  |  |  |  |  |  |  |  |
| 部長 | 計画 |  |  |  |  |  |  |  |  |  |  |  |  |  |
|  | 実績 |  |  |  |  |  |  |  |  |  |  |  |  |  |
| 部長 | 計画 |  |  |  |  |  |  |  |  |  |  |  |  |  |
|  | 実績 |  |  |  |  |  |  |  |  |  |  |  |  |  |
| 部長 | 計画 |  |  |  |  |  |  |  |  |  |  |  |  |  |
|  | 実績 |  |  |  |  |  |  |  |  |  |  |  |  |  |
| 部長 | 計画 |  |  |  |  |  |  |  |  |  |  |  |  |  |
|  | 実績 |  |  |  |  |  |  |  |  |  |  |  |  |  |
| 部長 | 計画 |  |  |  |  |  |  |  |  |  |  |  |  |  |
|  | 実績 |  |  |  |  |  |  |  |  |  |  |  |  |  |
| 部長 | 計画 |  |  |  |  |  |  |  |  |  |  |  |  |  |
|  | 実績 |  |  |  |  |  |  |  |  |  |  |  |  |  |

第2章　中小企業の経営計画はA4用紙1枚で作る

　第2章では、Ａ４用紙１枚の経営計画について、良い経営計画と悪い経営計画を見ていきました。Ａ４用紙１枚で完結するので、本章を参考にぜひ作成してみてください。

　「総括」を除き11の項目がありますが、すぐ書ける項目から記入してみましょう。

　もし、「この項目の内容をもっと書きたい」、あるいは「11項目以外にも追加して記載したいことがある」という場合は、別紙として作成するのがお勧めです。

　経営計画には、決まった形式はありませんので、社長の考えに沿って作ってもかまいません。ただ、経営計画は、会社運営の設計図となるため、社長だけが理解すれば良いというものではありません。社員や取引金融機関や取引先に経営の意志がきちんと伝わることが、経営を円滑に進めるためには大切です。

　また、良い経営計画と悪い経営計画という視点で書きましたが、全員で進めていくという意味では社員が理解できる経営計画を作ることも大切です。

　まだ経営計画を作成したことがない会社の場合は、まず、作ってみてください。そして、社内の全員で見て、わかりづらい面などがありましたら、適宜見直していくようにしてください。

# 第3章

## 経営計画の具体的な
## 作成ポイント

# 経営計画の「意義」を整理する

経営計画の意義には、全社員に会社の思いを浸透させる役割がある

## ✎ 経営計画の「意義」は社内と社外で異なる

　ここからＡ４用紙１枚の経営計画に記載する項目について説明します。

　経営計画は、いきなり作成するものではありません。当然、経営計画を立てるに至った背景や思いがあるはずです。それをきちんと社員に説明することにより、経営計画をしっかり理解してもらうことができます。

　経営計画の「意義」には、自社を取り巻く外部環境と内部環境において、いかに経営計画が必要となってきているかを記載していきます。

　この経営計画の意義については、経営のトップである社長自らが作成します。社長として、経営計画を達成するための決意表明の場にもなります。「意義」には、社内的には社員に経営計画に取り組む会社の思いを浸透させる役割があり、対外的には会社の将来の姿を認識させる役割があります。

## ✎ 経営計画の「意義」を組み立てる

　「意義」の基本的な構成としては、次のようなものがあります。

### ▶経営計画への思い

　今回、なぜ経営計画を作成するに至ったかの思いを記載していきます。例えば、「従来成り行きで管理していて、業績が悪化傾向にあったが、経営計画を立てることで計画経営に転じ、将来のビジョンを目指して進んでいく」などがあります。

### ▶会社の過去の成長についての軌跡

　今まで会社は、どのような歴史をたどってきたのか、過去の成長を経

営計画作成にあたり振り返ります。

### ▶会社を取り巻く外部環境について

　現在、会社を取り巻く外部環境はどういう状態にあるのかを記載していきます（詳細は、後記の外部環境に記載）。

### ▶会社の内部環境について

　会社の商品力、人材力など現在持っている会社の能力について記載していきます（詳細は、後記の内部環境に記載）。

### ▶会社の経営ビジョン

　今後、長期的に、将来、会社をどのようにしていくのか、そのビジョンを明示します（詳細は、後記の経営ビジョンに記載）。

### ▶会社の経営目標

　経営ビジョンを達成するために、どのように経営目標を立てているか、その目標を明示します（詳細は、後記の経営目標に記載）。

### ▶経営計画の全体の構成と進め方について

　経営計画のガイドラインとして、経営計画の全体の構成を記載します。さらに、この経営計画を今後どのように進めていくのかを記載していきます。

### ▶経営計画の副題

　経営計画全体を一言で言うと、どういう計画なのかを表す「副題」をつけます。経営計画を各項目に沿って作成しただけでは、経営計画の狙いがなかなかわかりづらい面があります。このため、作成した経営計画全体を一言で表現する副題を作成し、全社員に経営計画を身近なものに感じてもらいます。

　例えば、ある建設会社では、経常利益1億円になることが会社の最大の経営目標であるとして、「プロフィットワン」という副題をつけていました。

　社員に浸透させるためにも、副題は欠かせません。

# 3-2

# 「経営理念」は経営計画で
# 最も重要な項目

経営理念は、経営活動していく上でのモノサシとなる

## ✏ 「経営理念」は企業活動の"モノサシ"

　経営理念は、経営計画の中で、最も大切なものです。経営計画は、経営理念から始まります。

■経営計画の頂点は「経営理念」

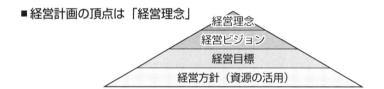

経営理念
経営ビジョン
経営目標
経営方針（資源の活用）

　『広辞苑　第六版』（岩波書店）によると、経営理念とは、「企業経営における基本的な価値観・精神・信念あるいは行動基準を表明したもの」とされています。経営理念について、ここでは、「企業の経営活動をしていく上での経営指針」と定義します。

　経営理念は、会社によって、さまざまな捉え方をされています。「社会貢献」など企業の存在意義を中心にしたものや、「経営をしていく上で重要視していること」について記載したもの、「社会人としての心がけなどの行動基準」を記載したものなどがあります。

　中小企業の場合、経営理念と言っても言葉がなかなか浮かんでこないことがよくあります。経営理念について、あまり「こうでなくてはならない」と規定しなくてもいいので、自社の歴史を振り返るなどして自社に適したものを作成してみてください。

　経営理念を作る目的は、経営活動をする上での"モノサシ"を作るこ

とにあります。この"モノサシ"には、「社会での役割」と「会社の判断基準」という2つの目盛を入れてください。社会でどのような役割を果たしていくのか、また、会社を運営していく上で、社員がどのような判断基準で進んでいくのかを明確にしていくことで、組織が一丸となって進んでいくことができるでしょう。

　日常的にも経営活動が、この経営理念に適しているかを常に検証していきます。もし、経営理念と異なっていたら、見直す必要があります。

## ✐ わかりやすく、馴染みやすい「経営理念」を目指す

　すでに企業に何らかの経営理念があるのでしたら、それを踏襲するのが良いでしょう。ただし、その経営理念が、現在の時代背景や経営内容とかけ離れているのであれば再検討してください。現在、経営理念として何もないのであれば、次のようことから考えていきます。

■経営理念を作る際の3つのヒント

---

①経営者が経営してきた中でのモットー（座右の銘）は何だったか
　　経営者の口癖になっている言葉や座右の銘はありませんか？
②なぜこの企業を創業しようと思ったのか
　　創業時の創業理念や、そのときの思いはどのようなものでしたか？
③普段、どういう姿勢で経営しているか
　　日々の経営上で重要視している考え方はありませんか？

---

　また、経営理念の内容は、わかりやすいものや馴染みやすいものが良いでしょう。経営理念を作るからと言って、特別にカッコいいものを考えようとする必要はありません。

　また、他社の経営理念をマネしても意味はありませんが、「社会のニーズにあった質の高い製品とサービスを提供する」といった社会を意識したものや、「社員が生きがいと思いやりを持てる明るい職場を作る」といった社員を中心にしたものなどがあります。

# 3-3

## 「経営ビジョン」は社員のモチベーションを上げるカギとなる

経営ビジョンは社員と共有する夢であり、目指す目的となるようなものにする必要がある

### 経営ビジョンは会社の将来のあるべき姿（夢）を描く

どんな会社でも、将来こうなりたいという夢があるでしょう。そうした夢を「経営ビジョン」としてあげていきます。漠然と、こうありたいというのではなく、「社長の強い思い」が必要です。

中小企業の場合、創業社長や二代目社長などが多いため、「社長の強い思いが必要」と言いましたが、現在の社長が創業社長や二代目社長などでない場合は、経営計画委員会などで、経営ビジョン草案を作成して決定していく方法もあります。

中小企業では、日常の業務に追われ、「将来のことは、あまり考えていない」、あるいは「明確に意識していない」ということもあります。こうした場合で、どうしても夢が描けないのであれば、現状を見て、「3年後はこうなる」と推定して、経営ビジョンも作成しても良いでしょう。

### 大きな夢を達成するために「3年後」の姿を想定する

いきなり大きな夢に到達できれば良いのですが、大きな夢であればあるほど達成するには時間がかかります。やはり、「何年後にこうなる」という夢のステップを踏むことになります。

本書の経営計画は、3年を想定していますので、もし、夢が長期にわたる場合は、その夢の途中のステップとして、「3年後はここまで到達する」という前提で作っていきます。

## 具体的な経営ビジョンにするために

経営ビジョンとしては、「単に会社を大きくしたい」というようなものでは、漠然としていて社員に伝わりません。このため、次のような視点から作ってみましょう。

### ■経営ビジョン作成のための4つの視点

①事業領域はどこなのか
　将来、どのような事業領域を伸ばそうとしていますか？
②商品は何なのか
　会社は、将来、どのような商品を主力にしようとしていますか？
③規模はどの程度なのか
　会社は、将来、売上や利益など、どの程度大きな規模にしようとしていますか？
④社員の夢になり得るのか
　会社の掲げたビジョンは、社員の夢に結び付けられますか？

この中で最も大切なのが、「④社員の夢になり得るのか」です。入社する社員にとっては、職場の環境や賃金は重要な要素となりますが、会社がどのような経営ビジョンを掲げているかも、大変重要な要素です。会社の経営ビジョンと自分が会社で実現しようとしている夢とが一致することによって、社員は仕事にやりがいを感じるからです。

中小企業でよく見かけるのは、「株式上場」です。株式上場は知名度も上がり、市場から大きな資金を獲得することができ、大きな夢となっています。また、会社の認知度が高くなるため社員も誇りが持てます。

他の例は、「○○業で○○地域ナンバーワン」です。業種や地域でトップに立つというビジョンは、わかりやすいものです。

また、「○○商品でオンリーワン企業になる」というものもあります。オンリーワンというのは、トップに匹敵する価値があります。

この経営ビジョンで、会社の方向が決まってしまいますので、時間をかけてしっかり考えてください。

# SWOT分析で「外部環境」と「内部環境」を理解する

会社の外部環境と内部環境を分析し、会社が今、どのような状況に置かれているかを知る

## ✏ SWOT分析で自社の現状を把握する

　自社の現状を分析する際は、自社を取り巻く「外部環境」と自社の「内部環境」を見ていきます。外部環境と内部環境の分析手法には、SWOT分析があります（米国スタンフォード大学で考案され経営戦略のツールとして利用されている）。これは、外部環境を「機会（Opportunities）」「脅威（Threats）」という点から、内部環境を「強み（Strengths）」「弱み（Weaknesses）」という点から見るものです。

### ■ SWOT分析

|  | 良い影響がある | 悪い影響がある |
|---|---|---|
| 外部環境 | 機会（Opportunities） | 脅威（Threats） |
| 内部環境 | 強み（Strengths） | 弱み（Weaknesses） |

　経営計画については、この手法は、企業の現状を知る上で活用できます。具体的な事例もあげて説明していきましょう。

## ✏ 外部環境の「機会」と「脅威」の見方

　外部環境については、政治環境、経済環境、社会環境、技術環境、市場環境、労働環境、資金環境などの点を分析していきます。
　そして、この外部環境について、SWOT分析により、「機会（チャンス）」と「脅威（問題）」を分析していきます。
　外部環境は、一般的に、1つの企業で左右できるものではありません。

建設業では、政治環境面で見ると住宅ローンの減税等により住宅税制が充実した場合は「機会（チャンス）」です。また、社会環境面では、住宅、建築のバリアフリー化が推進されていますが、高齢者用住居の推進という点でチャンスと言えます。さらに、市場環境面を見ると、近年、高齢者、防災、環境の関心が高まっていますが、その分野では建設の発展性があり、チャンスです。

一方「脅威（問題）」というのは、自社に不利益を与えるものと考えれば良いでしょう。建設業では、政治環境面で見ると、公共投資が毎年削減されると市場が縮小していきますので「脅威」となります。また、社会環境では、人口減少の傾向にありますが、これは住宅着工にも影響するため、問題となるでしょう。さらに、市場環境面を見ると、建設需要の規模を示す建設投資額が低迷している場合は脅威となります。

## 🖊 内部環境の「強み」と「弱み」の見方

自社の持っている財務力、人材力、商品力、サービス力、営業姿勢などの内部環境を見ていきます。内部環境についても、SWOT分析により、「強み」と「弱み」を分析していきます。

内部環境の「強み」は、自社が他社より優れていることをあげていきます。建設業であれば、商品力で「自社に独自の工法が開発されており、他社より低コストで建設できる」などは強みになります。

一方、「弱み」は、自社が他社より劣っていることをあげていきます。「人材教育制度がなく、社員の退職率が極めて高い」などは弱みになります。

内部環境の中で特に重要なのは、財務力です。財務力に問題があれば、設備投資や資金繰りに影響が出てきます。仮に、他の面が良くても会社活動に問題が生じるので、どこに問題があるのかをしっかり把握する必要があります。また、この財務力の状況は、経営計画では経営目標や利益目標に大きく影響してきます。こうしたことから、自社の財務力はきちんと分析する必要があるでしょう。

## ✒ 財務力を分析する3つの方法

次に、自社の財務力の分析方法について説明します。

財務力は、損益計算書や貸借対照表といった決算書を見て、自社の経営成績をきちんと分析し、自社の強みと弱みを把握します。

会社の財務力は、一般的には、収益性と効率性と安全性の3つの視点から分析します。

### ①収益性から見た財務力

収益性とは、会社がどれだけ利益を上げているかを見るもので、2つの視点があります。

1つ目の視点は、売上高に対してどれだけ利益を上げているかを見る売上高利益率です。売上高利益率には、「売上高総利益率」と「売上高営業利益率」及び「売上高経常利益率」があります。売上高総利益率（売上高に対する売上総利益）は、会社の商品がどれだけ利益を上げているかを示しています。売上高営業利益率（売上高に対する営業利益）は、会社の経費を入れた営業活動の結果どれだけ利益を上げているかを示しています。売上高経常利益率（売上高に対する経常利益）は、企業の財務面を含めた事業活動全体がどれだけ利益を上げているかを示しています。

2つ目の視点は、会社の全資本（資産）でどれだけの利益を上げたかを見る総資本利益率です。一般に、総資本経常利益率（総資本に対する経常利益）を見ます。

いずれも利益率が高いほど良いと判断します。

---

（売上総利益÷売上高）×100＝売上高総利益率（％）

（営業利益÷売上高）×100＝売上高営業利益率（％）

（経常利益÷売上高）×100＝売上高経常利益率（％）

（経常利益÷総資本）×100＝総資本経常利益率（％）

---

## ②効率性から見た財務力

効率性とは、会社の資本をどれだけうまく運用できたかを見るものです。この指標としては、会社の全資本を使って資本の何倍の売上高を上げたのかを見る総資本回転率があります。回転率が高いほど良いと判断します。

売上高÷総資本＝総資本回転率（回）

## ③安全性から見た財務力

安全性とは、会社を維持していく体力がどのくらいあるかを見るものです。この指標としては、流動比率と固定比率があります。流動比率は、1年以内に支払わなければならない負債（流動負債）に対して1年以内に現金化できる資産（流動資産）がどれだけあるか（流動負債に対する流動資産）を見るもので、この指標は100％以上が望ましいとされています。

また、長期的視点からは、純資産で固定資産をどのくらい賄っているかを見るのが固定比率（純資産に対する固定資産）です。固定資産に投下された資本は、長期にわたり固定化されるため、できるだけ純資産でカバーできること、つまり固定比率は100％以下が望ましいと言われています。

（流動資産÷流動負債）×100％＝流動比率（％）
（固定資産÷純資産）×100％＝固定比率（％）

以上のようにして、収益性、効率性、安全性の3つの視点で財務力の強み弱みを判断していきます。

# 「経営目標」にKGI（重要目標達成指標）を設定する

経営目標の中の「財務目標」と「業務目標」においてKGIを設定し、
経営ビジョンの達成を図る

## ✏️「経営目標」は経営ビジョンの実現のために定める

　会社の将来のあるべき姿（夢）を描いても、単なる願望だけでは実現
しません。具体的な経営目標を掲げる必要があります。経営目標では、
重要目標達成指標（Key Goal Indicator、以下、「KGI」）を設定します。

　経営目標のKGIとしては、経営計画の総合的な目標指標を設定して
いきます。KGIで設定する目標指標としては、「財務目標」と「業務目標」
があります。

## ✏️「財務目標」となる4つの指標

### ①売上高

　売上高は、計数としては非常にわかりやすいため、よく目標として使
われます。社員は設定した売上高を目指すことになりますが、この目標
だけだと売上高は上がっても利益が出ないという恐れがあります。その
ため、売上高を目標の数字とする場合は、利益目標の設定も望まれます。

### ②営業利益

　会社は、利益を上げることが第一の目的ですから、目標とするのも自
然です。そして、利益の中でも営業利益は、営業活動で得た利益である
ため、売上高と同様にわかりやすい目標です。

### ③総資本営業利益率（営業利益÷総資本×100%）

　総資本営業利益率は、会社の全資本でどのくらいの営業利益を上げた
かを判断するもので、会社の収益性を総合的に見る点では優れています。
業界の指標や過去の指標などを参考にして決定します。

### ④売上高営業利益率（営業利益÷売上高×100%）

売上高営業利益率は、売上高に対してどれだけ営業利益を上げたかを示すもので、利益率の高さを見る点では優れています。これも、総資本営業利益率同様に業界の指標や過去の指標などを参考にして決定していきます。

## 🖊「業務目標」となる３つの指標

### ①自社固有の技術の開発

中小企業では、取引先企業の下請けになっている場合が多くあります。下請けの場合、親企業から決められた単価があったり、度重なるコストダウン要請があったりすると、思うような利益はなかなか上がりません。こうしたことを回避するために、自社固有の技術の開発を一定期限内に目指します。脱下請け化を目指すのであれば、独自の専門的な技術開発が目標となります。

### ②新分野への進出

既存市場が成熟している場合は、広く新たな事業分野に活路を見出すことも選択肢の１つです。培ってきた技術を応用するなどして、一定期限内に新分野へ進出することを目標とします。

### ③DX（Digital Transformation）の推進

営業管理システムを導入して、営業情報を共有化し、効率的な営業を進めたり、社員管理をシステム化することで人的管理のコスト削減を進めたりします。

（注）DX（デジタルトランスフォーメーション）とは、データとビジネスモデル技術を活用して、製品や業務などを変革していくことを言います。

ここまでで取り上げた財務目標も業務目標も、ごく一部です。自社の経営形態に適した目標を設定していく必要があります。

# 3-6

# 「経営方針」として経営資源を
# どのように活用するかを決める

経営計画の要となる人、物、金、情報という経営資源の活用

## ✎ 人、物、金、情報の活用

　「経営方針」として、経営目標を達成するために、自社の経営資源を
どのように活用していくのかを決めていきます。経営資源の定義につい
ては、さまざまな考え方がありますが、ここでは、「人」「物」「金」「情
報」の枠組みで考えていきます。

　なお、中小企業基本法では、経営資源について、「設備、技術、個人
の有する知識及び技能その他の事業活動に活用される資源をいう」と規
定されています。

　ここでは、「人」「物」「金」「情報」の枠組みで考えていきます。

## ✎ 「人」についての考え方

### ・組織の在り方

　どのような組織体制を組んでいくのかを考えます。事業部制や機能別
組織など、いろいろな組織形態はあると思いますが、経営目標を達成す
るための組織を考えていきます。

### ・人材の育成・活用

　どのように人材を育成または活用していくのかを考えていきます。

## ✎ 「物」についての考え方

### ・設備の取り扱い

　現在所有している設備をどのように取り扱っていくのか、また、新た
な設備が必要なのかを考えていきます。

- **製品（商品）の取り扱い**

　現在の製品（商品）をどのように取り扱っていくのか、また、今後どのような製品（商品）構成にしていくのかを考えていきます。

## ✎「金」についての考え方

- **運転資金**

　運転資金を含む日常の資金をどのように調達していくのかを考えていきます。

- **設備資金**

　設備投資にかかる資金をどのように調達していくのかを考えていきます。

- **開発資金**

　新製品開発や新技術開発に伴う資金をどのように調達していくのかを考えていきます。

## ✎「情報」についての考え方

- **定量的な情報**

　経営情報、原価情報、販売情報などの数値情報をどのように取り扱っていくのかを考えていきます。

- **定性的な情報**

　市場情報、顧客情報、技術情報、商品情報や人事情報など、定性的な情報の管理をどのように取り扱っていくのかを考えていきます。

　また、社内のシステム化をどのようにしていくのかも考えていきます。

■ 4つの経営資源

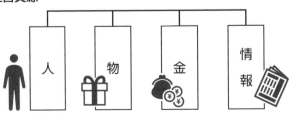

# 3-7

# 経営目標をもとに「目標利益計画」を設定する

3か年の年度別と単年度月別の目標利益計画で目標計数を明示する

## ✎ 目標利益計画の項目

　経営目標をもとに、3か年の目標利益計画を作成します。目標利益計画に決まった形式はありませんが、本書では、「売上高」「売上原価」「売上総利益」「一般管理費等（販売費含む）」「営業利益」の損益項目で作成しています。なお、自社の現状に応じて、売上原価に、材料費、労務費、経費などの内訳を設定します。また、一般管理費等にも、「人件費」「リース料」「減価償却費」などを設定しても良いでしょう。さらに、営業利益の他、「営業外損益」や「経常利益」などの損益項目を加えたりしても良いでしょう。

## ✎ 目標利益計画の書き方

　目標利益計画の計数は、設定した経営目標をもとに、かつ3か年の事業展開などを予測して3か年の損益数字を決定していきます。右側の実績欄には、当該年度の決算後に、その実績を記入し、当初設定した目標と実績の差額についてのコメントを「成果と反省」欄に記入します。

### ■ 目標利益計画の例

（単位：百万円）

| 項目 | '23年度計画 | '24年度計画 | '25年度計画 | '23年度実績 | 成果と反省 |
|------|---------|---------|---------|---------|---------|
| 売上高 | 1,200 | 1,300 | 1,400 | 1,200 | 売上高は計画通り達成した。一方、人件費が増えたため営業利益は計画を下回った |
| 売上原価 | 960 | 1,040 | 1,120 | 960 | |
| 売上総利益 | 240 | 260 | 280 | 240 | |
| 一般管理費等 | 180 | 195 | 210 | 200 | |
| 営業利益 | 60 | 65 | 70 | 40 | |

3か年の目標利益計画を設定したら、初年度目標利益計画を作成します。これは、毎月、目標利益計画が実際に予定通り推移しているのかを確認するためのものです。項目は、目標利益計画と同じ損益項目で月別に計画し、毎月実績を記入できるようにします。

　月別目標利益計画の作成は、年度単位の目標利益計画を12等分し、月次単位に割り振ります。ただし、季節変動の大きい会社については、過去の季節変動の実績を分析し、作成する工夫が必要です。

### ■月別目標利益計画の例

（単位：百万円）

| 項目 | 区分 | 4月 | 5月 | 6月 | 7月 | 8月 | 9月 | 10月 | 11月 | 12月 | 1月 | 2月 | 3月 | 合計 |
|---|---|---|---|---|---|---|---|---|---|---|---|---|---|---|
| 売上高 | 計画 | 100 | 100 | 100 | 100 | 100 | 100 | 100 | 100 | 100 | 100 | 100 | 100 | 1,200 |
| | 実績 | | | | | | | | | | | | | |
| 売上原価 | 計画 | 80 | 80 | 80 | 80 | 80 | 80 | 80 | 80 | 80 | 80 | 80 | 80 | 960 |
| | 実績 | | | | | | | | | | | | | |
| 売上総利益 | 計画 | 20 | 20 | 20 | 20 | 20 | 20 | 20 | 20 | 20 | 20 | 20 | 20 | 240 |
| | 実績 | | | | | | | | | | | | | |
| 一般管理費等 | 計画 | 15 | 15 | 15 | 15 | 15 | 15 | 15 | 15 | 15 | 15 | 15 | 15 | 180 |
| | 実績 | | | | | | | | | | | | | |
| 営業利益 | 計画 | 5 | 5 | 5 | 5 | 5 | 5 | 5 | 5 | 5 | 5 | 5 | 5 | 60 |
| | 実績 | | | | | | | | | | | | | |

### ■経営目標をもとに目標利益計画を作成する

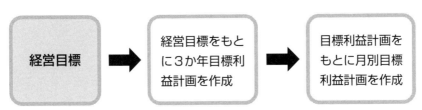

経営目標　→　経営目標をもとに3か年目標利益計画を作成　→　目標利益計画をもとに月別目標利益計画を作成

# 経営目標達成のための「主要施策」を3か年にわたって作成する

経営目標を達成するための具体的な施策を作る際、3か年で検討する

## 🖋 経営目標と目標利益計画をもとに作成する

　主要施策のうち、全社に共通する施策は共通部門の施策として作成し、部門固有の施策は、各部門で作成します。また、主要施策は、各部門について3か年にわたって作成します。主要施策の例は下記の通りです。

■ 主要施策の例

| 部　門 | ○年度 | ○年度 | ○年度 |
|---|---|---|---|
| 共通部門 | • ISO9001の認証取得<br>　6月より取得準備開始 | • ISO9001の認証審査 | • ISO27001の認証取得<br>　4月から取得準備開始 |
| | • 改善提案活動の導入<br>　4月〜3月まで | • 改善提案活動の定着<br>　4月〜3月まで | • QC活動の導入<br>　4月〜3月まで |
| 営業部門 | • 東京エリアの新規取引先拡大<br>　20先開拓 | • 茨城エリアの新規取引先拡大<br>　20先開拓 | • 栃木エリアの新規取引先拡大<br>　20先開拓 |
| | • 既存取引先の売上拡大<br>　1億円の増加 | • 既存取引先の売上拡大<br>　1億円の増加 | • 既存取引先の売上拡大<br>　1億円の増加 |

## 🖋 主要施策は重要度の高いものに絞る

　主要施策の施策数は原則として、その数を問いません。しかし、あれもこれもと施策を広げすぎるよりも、当該年度に必ずやらなければならない重要な施策をあげるようにしましょう。また、施策は優先順位を付け、重要度の高い施策に的を絞り、次のポイントに注意して選定します。

# 🖊 主要施策の選定のポイント

## ①経営目標とリンクした施策を選定する

経営目標にリンクした施策でなければ、経営目標を達成することができません。部門長の勝手な判断で部門のやりたいことを選定しないでください。また、施策は、目標利益計画の計数も意識して作成してください。

## ②定量化できる施策を中心にする

施策の効果がわかるように定量化できる施策を中心にします。ただし、定量化できない施策でも、経営目標と目標利益計画を達成するために重要であれば、施策として記載します。

## ③行動計画に展開しやすい施策にする

実際の行動計画に落とし込める施策でなければなりません。月次の行動計画に展開ができなければ実施できないからです。

## ④経営者、部門長がよく協議して決める

部門独自に施策を設定してもいいのですが、施策によっては、経営者や他の部門の協力が必要なものもあります。その場合は、経営者や他の部門とよく協議して設定してください。共通認識を持つことが大切です。

### ■ 主要施策を作成する際の注意点

> ・難しい施策をあげてしまう
> 　経営目標を早く達成しようという思いから、初年度から、難しい施策を作成してしまうことがあります。
> ・実施しやすい施策をあげてしまう
> 　実施しやすい施策は、達成はしやすいものとなりますが、期間が限定されている経営目標や目標利益計画を達成できません。
> ・施策に抽象的な表現を使ってしまう
> 　施策に「努力する」などの抽象的な表現を使う場合があります。それでは、続いて作成する行動計画も同様に抽象的なものとなってしまいます。

# 主要施策を実行するための「行動計画」を作る

主要施策を実行するための具体的な行動計画を立てる

行動計画は、主要施策で掲げた施策を具体的に行動目標に展開していくもので、次のように月別に1年分を作成していきます。

## 🖊 行動計画の作成方法

### ▶具体的な行動内容を決める

主要施策で実施すると決めた内容について、具体的に何を実施していくかを決めます。例えば、「5Sの活動」という施策が掲げられていた場合には、行動計画としては、「5Sの活動（整理・整頓の実施）」というようになります。

### ▶責任者を決める

責任者としては、行動計画を主体となって遂行する者を記載します。

### ▶計画線を引く

具体的な行動内容をいつから始めて、いつまでに終了するのかを計画欄に線を引いて表します。

### ▶実績線を引く

具体的な行動内容をいつから始めて、いつまでに終了したかを、実績欄に線を引いて表します。

### ▶成果と反省について記載する

行動計画の行動内容を実行した結果、どのような成果が出たかを記載します。成果が予定通りでなければ検証し、記載します。

## ■行動計画表の例

| 部門 | 具体的な行動内容 | 責任者 | 区分 | 4月 | 5月 | 6月 | 7月 | 8月 | 9月 | 10月 | 11月 | 12月 | 1月 | 2月 | 3月 | 成果と反省 |
|---|---|---|---|---|---|---|---|---|---|---|---|---|---|---|---|---|
| 共通部門 | 5Sの活動（整理・整頓の実施） | 山田太郎 | 計画 | ← | | | | | | | | | | → | | |
| | | | 実績 | | | | | | | | | | | | | |
| ○○部門 | ‑‑‑‑‑‑‑‑‑<br>‑‑‑‑‑‑‑‑‑<br>‑‑‑‑‑‑‑‑‑ | ○○○○ | 計画 | | | | | ← | | | → | | | | | |
| | | | 実績 | | | | | | | | | | | | | |
| ○○部門 | ‑‑‑‑‑‑‑‑‑<br>‑‑‑‑‑‑‑‑‑ | ○○○○ | 計画 | | | | | ← | | → | | | | | | |
| | | | 実績 | | | | | | | | | | | | | |

# ✐ 行動計画作成上の注意点

## ▶行動計画は施策に沿って具体的に

　行動計画は主要施策に沿った内容を記載します。また、行動計画で実行する内容は、具体的なものを記載してください。行動計画が抽象的だと実行することができませんし、仮に実行しても成果に結びつきません。

## ▶実行責任者を記載する

　計画の責任者ですが、部門長が最終責任者だからと言って、すべて部門長にしないでください。部門長は最終責任者ではありますが、必ずしも実行責任者ではありません。ここでは、実行責任者を記載します。

## ▶計画線は正確に

　行動計画の計画線は正確に記載してください。行動計画について、とりあえず年度初めから年度終了まで計画線を引く例がありますが、目指す予定にあった線を引いて、効率的に計画を進めるようにしましょう。

## ▶成果を検証して反省点を明確にする

　期日は、当初の計画通りに実績が出たかを確認します。次に、具体的な行動内容に従うことにより成果が出たかを見ます。

　成果が予定通りでなければ、その原因を追究して、今後どのようにしていくかを記載していきます。

# 経営計画作成上の問題点と対策

現実的ではなかったり、低すぎる目標だったりしないために、経営計画チェック表で確認する

## ✎ 経営計画を作成していく上でありがちな問題点

経営計画を作成していく上で、よくある問題点は次の通りです。

### ①現実離れした計画を作成してしまう

自分の会社が置かれている外部環境や内部環境を考えないで、会社の理想的な姿を浮かべて経営計画を作ってしまうことがあります。そうなると、出来上がった経営計画は、理想的なものではある反面、到底達成できないようなものになってしまいます。社員としても、現実離れした計画に対して、やる気を失ってしまいかねません。

### ②やさしすぎる計画を作成してしまう

経営計画は、経営ビジョンを頂点に、経営目標、経営方針、目標利益計画、主要施策、行動計画を作成していきます。しかし、経営計画の頂点に立つ経営ビジョンが低いレベルになった場合は、経営目標以下はそれに従って作成していきますので、簡単に達成できるような目標を設定していくようになります。社員にとっては楽なものになりますが、会社としては達成した成果はとても小さなものになってしまいます。

### ③経営計画の内容に整合性がない

経営ビジョン、経営目標、経営方針、目標利益計画、主要施策、行動計画がまったく関連しないように作成してしまうと、経営計画の内容はバラバラになってしまいます。その結果、最終的には経営目標が達成できなくなり、経営ビジョンに到達できなくなります。

### ④定量的な目標が設定されていない

経営目標や主要施策、行動計画に定量的な内容が設定されないと、成

果が測定できません。このため、目標に向かってどこまで進んでいるのか、あるいは目標に本当に近づいているのかどうか、わからなくなってしまいます。また、成果が出ているのかも把握できません。成果がわからなければ、社員は達成感も味わうことができず、やる気がなくなったり、マンネリ化したりしてきます。

### ⑤PDCAが回っていない

行動計画表では、月別に目標を設定し、毎月実行します。しかし、計画と実行の差異や目標数値と成果との差異を検証しなかったり、改善策を実施しなかったりする場合があります。これでは何も改善されません。差異が生じている場合は、その原因を究明するとともに改善策を講じなければなりません。何もしなければ、行動計画は達成できません。

### ⑥経営目標や目標利益計画に根拠がない

経営目標の数字や目標利益計画を設定しても、その数字を達成できる根拠が必要です。もし、主要施策や行動計画の中に経営目標や目標利益計画の根拠がなければ、単なる願望の数字でしかありません。

### ⑦現場が経営計画を知らない

経営計画について、社長とごく一部の幹部のみで作成し、その他の社員には発表しないことがあります。現場の社員が経営計画のことを知らなければ、目的意識も生まれず、単に日常業務を繰り返し行なうだけになります。これでは、経営計画が上層部だけで空回りして、現場はついてきませんので、経営計画の成果は期待できません。

## 経営計画の問題点を発見するためのポイント

具体的には、作成した経営計画に問題があるかどうかは、次ページの「経営計画のチェック表」で確認してください。もし、問題がある場合は、経営計画の見直しを行ないます。また、この表で特に重要なのは、経営計画を具体的に推進していく主要施策と行動計画ですので、当該項目は、しっかりチェックしてください。

　経営計画が出来上がったら、下記のチェック表を用いて問題がないかどうか確認しましょう。

■経営計画のチェック表

| 項　目 | チ ェ ッ ク 内 容 |
|---|---|
| 経営理念 | □ 経営理念は、わかりやすいか<br>□ 経営理念は、行動していく上でのモノサシになるか |
| 経営ビジョンと経営目標 | □ 経営ビジョンは、わかりやすいか<br>□ 経営ビジョンの内容は到達基準として明確になっているか<br>□ 経営ビジョンを達成するための経営目標になっているか<br>□ 経営目標に成果を測定できる計数が入っているか |
| 外部環境と内部環境 | □ 会社を取り巻く外部環境の機会、脅威の分析は適切か<br>□ 会社の財務分析、社員の力量分析は適切か<br>□ 会社の強みは明確になっているか<br>□ 会社の弱みは明確になっているか |
| 経営方針 | □ 経営目標、外部環境、内部環境に基づいた方針になっているか<br>□ 経営目標を達成するための人、物、金、情報の取組みは適切か |
| 目標利益計画と月別目標利益計画 | □ 経営目標に対応した目標利益計画を作成しているか<br>□ 目標利益計画は、形式的に作成していないか<br>□ 年度の目標利益計画は、季節要因などを考慮しているか<br>□ 予算管理表は、計画と実績の差異対策ができているか（中堅企業向け） |
| 主要施策と行動計画 | □ 主要施策は、目標利益計画を基本に作成しているか<br>□ 主要施策には、成果が測定できる施策が入っているか<br>□ 主要施策と行動計画は、連動しているか<br>□ 行動計画には、具体的に施策を実現する仕組みが入っているか<br>□ 行動計画の計画線は、適切な期間を設定しているか<br>□ 行動計画管理表で、月別に具体的な行動内容を展開しているか<br>□ 行動計画管理表で、計画と実行の差の検証と改善策はできているか<br>□ 行動計画管理表で、目標数値と実績の差異の検証と改善策はできているか |
| 成果と反省 | □ 目標利益計画の成果と反省を記入できているか<br>□ 行動計画の成果と反省を記入できているか<br>□ 総括欄は、年度全体を振り返り、成果と反省を記入できているか |
| その他 | □ 経営計画は、全員で共有するため、平易な文章で、かつ、わかりやすいか |

# 第 4 章

## 中堅企業が経営計画を
## 作成するときのポイント

# 4-1

# 中堅企業向けの経営計画の作り方

中堅企業は小規模企業より会社の組織が整っていることが多く、詳細な
経営計画を作ることができる

## 中堅企業の経営計画

　中小企業の場合は、経営者を中心として少人数で会社を運営している
ケースがほとんどです。このため、Ａ４用紙１枚の経営計画の基本フォ
ーマットに従って記入すれば容易に短時間で経営計画を作ることができ
ます。

　しかし、事業規模が大きい、いわゆる中堅企業になると、利益などの
金額が大きくなるため、その管理も重要になります。また、事業内容も
多岐にわたるため、実施する施策や行動計画の数も増えていきます。

　そこで、Ａ４用紙１枚で作成した経営計画と項目の基本構成は同じで
すが、計数を詳細に管理できるようにするとともに、施策や行動計画の
数に対応できるフォーマットを準備しました（72〜78ページ参照）。

　また、年度で実施していく施策は単に項目だけでなく、その具体的な
内容も記載し、社員は経営計画を見れば施策の内容が詳細に理解できる
ようにしてあります。

## 経営計画の具体的な内容

　中堅企業向けの経営計画のフォーマットは、「意義」「経営理念」「経
営ビジョン」「外部環境」「内部環境」「経営目標」「経営方針」について
は、記載できる範囲を広げましたが、記載する内容は、Ａ４用紙１枚の
経営計画に準じています。以下で、どのあたりが異なるのかについて、
概要を説明していきます。

## 目標利益計画はより詳細な管理が可能に

　目標利益計画の科目については、主要科目だけでなく、その内訳科目まで計画し、詳細に管理できるようにしました。また、各期について、目標利益計画の計数の設定理由を記載するようにしています。

　利益計画は科目が細分化すればするほど、きめ細かい管理が可能になります。

## 損益計算書の科目を管理する

　月別目標利益計画としては、「予算管理表」と名称を改め、損益計算書の科目を管理します。

　この予算管理表は、135ページを参照してください。

## 「主要施策」をより具体的に

　「主要施策」については、３か年で記載する点などは変わりませんが、単年度の主要施策の項目について、新たにその内容を具体的に記載するようにしています。これにより、単に項目の記載だけでなく、当該項目の施策の詳細な内容が、計画書を見るだけで理解することができます。

　なお、「行動計画」については、第６章を参照してください。

　次ページから、中堅企業向けの経営計画のフォーマットを記載していますので、確認してください。

中堅企業向けの経営計画の内容はＡ４用紙１枚の経営計画と同じですが、より具体的になります

■中堅企業向けの経営計画のフォーマット

1．意義　　　　　　　　何のために作成するのか

2．経営理念　　　　　　経営していく上での姿勢、考え方

3．経営ビジョン　　　　どのような会社にしていきたいか（将来像、夢）

4．経営環境　　　　　　経済環境、技術環境、市場環境、競争環境などは
　（1）外部環境　　　　どうなっているか

| 機会<br>（チャンス） | |
| 脅威 | |

（2）　内部環境

会社の特色（全般、各部門）

| 強み<br>（長所） | |
| --- | --- |
| 弱み<br>（課題） | |

外部環境、内部環境（自社の強み・弱み）をもとに
経営ビジョンの実現のための経営目標を作成する。
経営目標は、できる限り数値目標を設定する

5．経営目標

経営目標を達成するために経営資源（人、物、金、
情報）をどのようにするか

6．経営方針

## 7．目標利益計画

3か年の目標数字を作成する

(単位：千円、%)

| 科　目 | 第〇期 金　額 | 第〇期 構成比 | 第〇期 金　額 | 第〇期 構成比 | 第〇期 金　額 | 第〇期 構成比 |
|---|---|---|---|---|---|---|
| 1．売上高 | | | | | | |
| 2．売上原価 | | | | | | |
| 　材料費 | | | | | | |
| 　労務費 | | | | | | |
| 　外注費 | | | | | | |
| 　経費 | | | | | | |
| 売上総利益 | | | | | | |
| 3．販売費・一般管理費 | | | | | | |
| 　人件費 | | | | | | |
| 　賃借料・リース料 | | | | | | |
| 　旅費・交通費 | | | | | | |
| 　その他経費 | | | | | | |
| 営業利益 | | | | | | |
| 4．営業外損益 | | | | | | |
| 　支払利息・割引料 | | | | | | |
| 　その他損益 | | | | | | |
| 経常利益 | | | | | | |
| 目標利益数字の主な設定理由 | | | | | | |

## 8．予算管理表

年度（12か月）分を作成する

| 項　　目 | 年度予算 | 当月までの累積 | | | ○月 | | | ○月 | | |
|---|---|---|---|---|---|---|---|---|---|---|
| | | 計画 | 実績 | 差額 | 計画 | 実績 | 差額 | 計画 | 実績 | 差額 |
| 1．売上高 | | | | | | | | | | |
| 2．売上原価 | | | | | | | | | | |
| 　材料費 | | | | | | | | | | |
| 　労務費 | | | | | | | | | | |
| 　外注費 | | | | | | | | | | |
| 　経費 | | | | | | | | | | |
| 売上総利益 | | | | | | | | | | |
| 3．販売費・一般管理費 | | | | | | | | | | |
| 　人件費 | | | | | | | | | | |
| 　賃借料・リース料 | | | | | | | | | | |
| 　旅費・交通費 | | | | | | | | | | |
| 　その他経費 | | | | | | | | | | |
| 営業利益 | | | | | | | | | | |
| 4．営業外損益 | | | | | | | | | | |
| 　支払利息・割引料 | | | | | | | | | | |
| 　その他損益 | | | | | | | | | | |
| 経常利益 | | | | | | | | | | |
| 差異対策 | | | | | | | | | | |

## 9．主要施策

3か年で実施していく内容を作成する

|  | 第○期 | 第○期 | 第○期 |
|---|---|---|---|
| ○○部 |  |  |  |
| ○○部 |  |  |  |
| ○○部 |  |  |  |
| ○○部 |  |  |  |

10. 具体的施策

(1) ○○部

年度で実施していく内容を作成する

| 項　　目 | 具　体　的　な　内　容 |
|---|---|
| 1. | |
| 2. | |
| 3. | |
| 4. | |

## 11. 行動計画管理表
### (1) ○○部

毎月、計画に対して、実行、検証、改善を作成する

| 責 任 者 | | | 期 限 | | 指標・目標(注) | | |
|---|---|---|---|---|---|---|---|
| 項目 | 日 程 | 月 | 月 | 月 | 月 | 月 | 月 |
| | 指標・目標(注) | | | | | | |
| | 計 画 | | | | | | |
| | 実 行 | | | | | | |
| | 目標 結果 | | | | | | |
| | 検 証 | | | | | | |
| | 改 善 | | | | | | |

（注）指標：重要業績評価指標の略称表示、目標：目標数値の略称表示

# 中堅企業の経営計画の具体例

中規模製造業の実例から見る、成り行き経営から脱却し、計画経営に生まれ変わる方法

## 🖊 実例から中堅企業の経営計画について考える

　中堅企業向けの経営計画のフォーマットについて説明しましたので、具体的な実例から、ポイントを解説していきます。

　80～89ページの経営計画は、創業50年の化学会社（Y社）のものです。事業内容は、工業用の洗浄剤を精製し、大手洗剤メーカーに納品しています。自社製品は1割程度であり、後は納品先企業のOEM製品となっています。

　Y社は、今後、製品開発に力を入れ、自社製品の比率を増やし、下請けのメーカーから独立系の専門メーカーに脱皮したいと考えています。また、売上は、ここ10年間23億円前後で推移しており停滞気味ですが、経常利益は常に5千万円以上あり、財務内容は問題ありません。

　しかし、商品の需要低迷とコスト競争が次第に激しくなってきており、利益も従来のようには見込めないのが現状です。こうした状況において、Y社は特に売上計画しかなく、成り行き的な経営を行なっていましたので、経営計画を作成することにしました。

　Y社の経営計画から、中堅規模の企業の場合は、どのような内容になるのかを確認してみてください。あなたの会社と売上規模や業種が異なるかもしれませんが、成り行き経営から脱却するヒントが見つかるかもしれません。

■ Y社の経営計画

## ［経営計画］

1. 意義

    当社は、過去の成長としては、売上高は横ばいですが、幸いなことに利益は、常に一定額を確保してきました。

    しかしながら、当社を取り巻く環境は、特定ソーダの需要低迷とコスト競争で厳しいものがあります。一方、内部環境では、社員の高齢化が進み、技能伝承の問題も発生しています。また、設備の老朽化も進んでいます。

    こうした状況下では、従来のような成り行き的な経営では、利益の確保も難しいと思われます。

    そこで、経営計画を作成して経営ビジョンを設定し、当該ビジョン達成を目指すことにしました。今回の経営ビジョンは、特定分野の洗浄剤で地域で一番の企業になることを目指しています。また、経営目標は、売上高30億円、売上高経常利益率5％としました。特に売上高については、新商品開発を基本にして増加させたいと思います。

    副題はフェニックス30です。

2. 経営理念

    化学製品を通じて社会に貢献する

3. 経営ビジョン

    地域で一番の企業になる
    ・商品が一番
    ・特殊技術が一番

## 4．経営環境

### （1） 外部環境

| | |
|---|---|
| 機会<br>（チャンス） | • 輸送業の洗浄剤に対する需要が高まっている<br>• 洗浄機械が普及し、特定分野に新たな洗浄需要が高まっている<br>• 洗剤ソーダ企業が淘汰され、競争相手が減少してきている<br>• 金融機関は、財務内容が良い企業への貸し出しレートを低くしている |
| 脅威 | • 原油高騰により、輸入原料の単価に影響を及ぼしている<br>• 市場において特定ソーダの需要が減少傾向にある<br>• 商品の需要が変化してきており、その対応が必要となっている<br>• 景気後退により不動産の担保価値が目減りし、担保力が減少している |

### （2） 内部環境

| | |
|---|---|
| 強み<br>（長所） | • 売上高経常利益率は、毎年５％をキープしている<br>• 借入金が売上高の10％にとどまり、自己資本力が充実している<br>• 得意先が固定しているため、安定した収益を上げている<br>• 簡単なプラント工事は自社で行なうことができる<br>• 少量多品種生産が可能である<br>• 社員の勤続年数が長く安定雇用をしている<br>• 熟練技術者が多く、固有の技術力を保持している |

| | |
|---|---|
| 弱み<br>（課題） | • 売上高が停滞ぎみであり、伸び悩んでいる<br>• 設備が老朽化している<br>• 損益が成り行き管理となっており、予算化されていない<br>• コンピュータの普及が遅れており、手作業が多い<br>• 化学工場なのに、危機管理対策が遅れている<br>• 従業員の高齢化が進んでおり、平均年齢が40代後半で、若手への技能伝承が進んでいない<br>• 仕事が専門的すぎて、他部署の仕事の応援ができない<br>• 社員の教育が一切行なわれていないため、能力が伸びない |

## 5．経営目標

売上高30億円、売上高経常利益率5％を目指す

## 6．経営方針

| | |
|---|---|
| （人） | • 高齢化が進んでいるため、若手への技能伝承を進めていく<br>• 仕事が硬直化しているため、多能工化を進めていく |
| （物） | • 設備が老朽化しているため、化学製品保管設備の更新を行なう<br>• 新たな製品を製造するために、土地の新規取得を行なう |
| （金） | • 設備資金として、金融機関から今後手当てしていく<br>• 季節資金は、賞与等で活用していく |
| （情報） | • 社内のコンピュータ・ネットワークの構築を進める<br>• 製造の在庫管理システムの構築を進める |

## 7．目標利益計画

| 科　　目 | | 第○○期 | | 第○○期 | | 第○○期 | |
|---|---|---|---|---|---|---|---|
| | | 金　　額 | 構成比 | 金　　額 | 構成比 | 金　　額 | 構成比 |
| 1．売上高 | | 2,500,000 | 100.0 | 2,700,000 | 100.0 | 3,000,000 | 100.0 |
| 2．売上原価 | | 1,750,000 | 70.0 | 1,890,000 | 70.0 | 2,100,000 | 70.0 |
| | 材料費 | 500,000 | 20.0 | 540,000 | 20.0 | 600,000 | 20.0 |
| | 労務費 | 375,000 | 15.0 | 405,000 | 15.0 | 450,000 | 15.0 |
| | 外注費 | 250,000 | 10.0 | 270,000 | 10.0 | 300,000 | 10.0 |
| | 経費 | 625,000 | 25.0 | 675,000 | 25.0 | 750,000 | 25.0 |
| 売上総利益 | | 750,000 | 30.0 | 810,000 | 30.0 | 900,000 | 30.0 |
| 3．販売費・一般管理費 | | 600,000 | 24.0 | 648,000 | 24.0 | 720,000 | 24.0 |
| | 人件費 | 375,000 | 15.0 | 405,000 | 15.0 | 450,000 | 15.0 |
| | 賃借料・リース料 | 75,000 | 3.0 | 81,000 | 3.0 | 90,000 | 3.0 |
| | 旅費・交通費 | 50,000 | 2.0 | 54,000 | 2.0 | 60,000 | 2.0 |
| | その他経費 | 100,000 | 4.0 | 108,000 | 4.0 | 120,000 | 4.0 |
| 営業利益 | | 150,000 | 6.0 | 162,000 | 6.0 | 180,000 | 6.0 |
| 4．営業外損益 | | 25,000 | 1.0 | 27,000 | 1.0 | 30,000 | 1.0 |
| | 支払利息・割引料 | 25,000 | 1.0 | 27,000 | 1.0 | 30,000 | 1.0 |
| | その他損益 | 0 | 0.0 | 0 | 0.0 | 0 | 0.0 |
| 経常利益 | | 125,000 | 5.0 | 135,000 | 5.0 | 150,000 | 5.0 |
| 目標利益数字の主な設定理由 | | ・売上高は、販売先増加で2億円増加<br>・売上原価は、70％設定<br>・販売費・一般管理費は前年度と同比率 | | ・売上高は、販売先増加で2億円増加<br>・売上原価は、70％設定<br>・販売費・一般管理費は前年度と同比率 | | ・売上高は、販売先増加で3億円増加<br>・売上原価は、70％設定<br>・販売費・一般管理費は前年度と同比率 | |

## 8. 予算管理表

| 項　　目 | 年度予算 | 当月までの累積 | | | 4月 | | |
|---|---|---|---|---|---|---|---|
| | | 計画 | 実績 | 差額 | 計画 | 実績 | 差額 |
| 1．売上高 | 2,500,000 | 300,000 | | | 300,000 | | |
| 2．売上原価 | 1,750,000 | 210,000 | | | 210,000 | | |
| 　材料費 | 500,000 | 60,000 | | | 60,000 | | |
| 　労務費 | 375,000 | 45,000 | | | 45,000 | | |
| 　外注費 | 250,000 | 30,000 | | | 30,000 | | |
| 　経　費 | 625,000 | 75,000 | | | 75,000 | | |
| 売上総利益 | 750,000 | 90,000 | | | 90,000 | | |
| 3．販売費・一般管理費 | 600,000 | 72,000 | | | 72,000 | | |
| 　人件費 | 375,000 | 45,000 | | | 45,000 | | |
| 　賃借料・リース料 | 75,000 | 9,000 | | | 9,000 | | |
| 　旅費・交通費 | 50,000 | 6,000 | | | 6,000 | | |
| 　その他経費 | 100,000 | 12,000 | | | 12,000 | | |
| 営業利益 | 150,000 | 18,000 | | | 18,000 | | |
| 4．営業外損益 | 25,000 | 3,000 | | | 3,000 | | |
| 　支払利息・割引料 | 25,000 | 3,000 | | | 3,000 | | |
| 　その他損益 | 0 | 0 | | | 0 | | |
| 経常利益 | 125,000 | 15,000 | | | 15,000 | | |
| 差異対策 | | | | | | | |

## 9. 主要施策

| 部門 | 第○○期 | 第○○期 | 第○○期 |
|---|---|---|---|
| 共通部 | • ISO9001認証取得準備<br>• CIの検討 | • ISO9001認証取得<br>• CIの完成 | • ISO14001認証取得準備 |
| 営業部 | • 営業マニュアルの整備<br>• 新商品の拡販<br>• 既存商品の拡販 | • 顧客カルテの整備<br>• 新商品の拡販<br>• 既存商品の拡販 | • 新商品の拡販<br>• 既存商品の拡販 |
| 生産部 | • 5S活動の実施<br>• 自社製品の開発<br>• 自動包装機の新設<br>• 適正在庫管理システムの確立 | • 5S活動のレベルアップ<br>• 新ソーダ設備自動化<br>• 特定ソーダの一部外注化<br>• 自社製品の開発 | • 工場の増産検討<br>• 変則交代制の検討<br>• 大学との研究開発の連携 |
| 管理部 | • 社員研修の構築<br>• 新人事制度の検討<br>• 月次決算制度の確立<br>• 社内のコンピュータ整備 | • 一般、幹部社員研修の実施<br>• マルチスキル化の検討<br>• 新人事制度の導入<br>• ホームページの開設 | • マルチスキル化の実施<br>• 給与計算の外注化 |

10. 具体的施策

（1）　管理部

| 項　　目 | 具 体 的 な 内 容 |
|---|---|
| 1．社員研修の構築 | • 社員の教育体系プログラムを検討し作成する<br>• 社員の教育機関と教育内容を検討する<br>• 社員研修制度を制定する |
| 2．新人事制度の構築 | • 現行の賃金制度を見直す<br>• 新賃金体系の設計を行なう<br>• 新賃金体系への移行を検討する<br>• 新人事考課制度を検討し作成する<br>• 新人事制度に合わせて就業規則を改定する |
| 3．月次決算制度の確立 | • 会計事務所と月次決算実施の検討をする<br>• 現行の会計制度を見直す<br>• 月次単位で決算できる仕組みを検討する<br>• 社内伝票の締切日の統一を検討する |
| 4．社内のコンピュータ整備 | • 現行のコンピュータの問題点を洗い出す<br>• コンピュータの改善点をまとめる<br>• 新規導入機種の検討をする<br>• 新規導入の決定と実施をする |

## 11. 行動計画管理表

### (1) 管理部

| 責任者 | ○○○○ | | 期　限 | ○年○月○日 | 指標・目標 (注) | | 社員研修スタート・100%稼働 | |
|---|---|---|---|---|---|---|---|---|
| **項目** | 日　程 | | 4月 | 5月 | 6月 | 7月 | 8月 | 9月 |
| | 指標·目標 (注) | | 教育体系フロー完成 50% | 教育体系フロー完成 100% | 研修内容完成 50% | 研修内容完成 100% | 研修体系完成 50% | 研修体系完成 100% |
| **社員研修の構築** | 計　画 | | ・教育体系のフロー作成 | → ・社員研修の内容検討 | | → ・OFF-JTの教育機関の選定 | | ・社員研修体系完成 |
| | 実　行 | | | | | | | |
| | 検　証 | 目　標 | | | | | | |
| | | 結　果 | | | | | | |
| | 改　善 | | | | | | | |

(注) 指標：重要業績評価指標の略称表示、目標：目標数値の略称表示

| 責任者 | ○○○○ | | 期　限 | ○年○月○日 | 指標・目標 (注) | | 新人事制度スタート (100%稼働) | |
|---|---|---|---|---|---|---|---|---|
| 項　目 | 日　程 | | 4月 | 5月 | 6月 | 7月 | 8月 | 9月 |
| | 指標・目標 (注) | | 調査完了 100% | 改善策完了 100% | 方向協議完了 100% | 制度設計 30% | 制度設計 50% | 制度設計完了 100% |
| 新人事制度の構築 | 計　画 | | ・現賃金制度の調査 | ・現賃金制度の問題と改善検討 | ・新賃金体系の方向性協議 | ・新賃金体系の設計 | → | |
| | 実　行 | | | | | | | |
| | 検　証 | 目　標 結　果 | | | | | | |
| | 改　善 | | | | | | | |

(注) 指標：重要業績評価指標の略称表示、目標：目標数値の略称表示

| 責任者 | ○○○○ | 期　限 | ○年○月○日 | 指標・目標 (注) | 月次決算制度の実施<br>100%稼働 | | |
|---|---|---|---|---|---|---|---|
| **項目** | 日　程 | 4月 | 5月 | 6月 | 7月 | 8月 | 9月 |
| | 指標・目標 (注) | 会計事務所と処理方法の調整 100% | 部内の月次対応整備 50% | 部内の月次対応整備 100% | 関連先と伝票処理協議 50% | 関連先と伝票処理協議完了 100% | 月次決算処理の開始 |
| **月次決算処理開始** | 計　画 | ・会計事務所と処理方法の打ち合せ | ・各部署と月次処理対応打ち合せ → | | 関連先と伝票処理の協議 → | | 月次処理を実施し10月より月次決算 |
| | 実　行 | | | | | | |
| | 目　標<br>結　果 | | | | | | |
| | 検　証 | | | | | | |
| | 改　善 | | | | | | |

（注）指標：重要業績評価指標の略称表示、目標：目標数値の略称表示

　中堅企業の経営計画は、いかがでしたか。

　基本的な項目は、Ａ４用紙１枚の経営計画と同じです。しかし、企業の規模によっては、詳細に管理したほうがより成果に結びつくため、特に月次の目標利益計画と行動計画については、詳細に管理できるようにしました。

　会社は成長すればするほど、売上や社員も増えます。当然会社として、背負っているものが大きくなります。そのため、経営計画の目標も高いレベルになることから、それをクリアするには、より詳細なものが必要になります。

　月次の目標利益計画については、予算管理表という形にして、損益項目をもとに、費用ごとに計画、実績、その差額を算出し、毎月、予算と実績の差異に対して、対策を打つようにします。

　もちろん、Ａ４用紙１枚の経営計画にも月次の目標利益計画があり、計画と実績の記載があります。ただ、差異が出た場合、本章で掲載した経営計画書では記載欄はなく、別途検討することなります。

　次に、行動計画ですが、PDCA方式で管理しています。内容としては毎月、Plan（計画）、Do（実行）、Check（検証）、Act（改善）のサイクルで管理していきます。

　さらに、そのサイクルの中に、KFS（重要成功要因）とKPI（重要業績評価指標）があります。この２つをエンジンとして、回していきます。その結果、経営目標のKGI（重要目標達成指標）をクリアしていくことになります。

# 第 5 章

経営計画を確実に
実行するための仕組み作り

# 会社の基本となる 5Sの仕組みを取り入れる

会社の基本である5Sを経営計画に組み入れることによって、会社の基盤を作る

## ✏ 5Sの役割

5Sとは、古くから製造業を中心に行なわれている職場の「環境整備活動」で、すべての職場において仕事の基本であり、会社の基盤となるものですから、経営計画には必ず盛り込みます。

5Sは、整理（SEIRI）、整頓（SEITON）、清掃（SEISOU）、清潔（SEIKETSU）、躾（SHITSUKE）の5つの言葉の頭文字を取ったものです。5Sの定義は、次の通りです。

---

- **整理**──要るものと要らないものを分けて、要らないものを捨てること
- **整頓**──ものの置き場を決め、使ったものを必ず所定の場所に戻すこと
- **清掃**──汚れた場所を掃除し、きれいにすること
- **清潔**──整理、整頓、清掃により、きれいな状態を維持すること
- **躾**───職場のルールを守ること

---

■5Sのサイクル

整理 → 整頓 → 清掃 → 清潔 → 躾

# 5Sの「目に見える効果」と「目に見えない効果」

　5Sには、効果が目に見える「一次効果」と、個人の能力や組織力の向上につながる「二次効果」、財務の向上につながる「三次効果」があります。具体的には、次の通りです。

---

### 〈一次効果〉目に見える効果

**①在庫の削減**

　不要な在庫や資材の処分により、スペースが確保できる

**②段取時間の削減**

　標準時間設定により、段取時間を削減し作業が効率化できる

**③機械の汚れ防止**

　清掃により、機械の汚れによる不良品発生を防止できる

**④機械の故障防止**

　機械の点検整備により、故障を防止できる

**⑤コストの削減**

　チョコ停（一時的な生産設備停止）防止、不良品の減少などで、製造原価を削減できる

**⑥納期の厳守**

　時間管理が徹底され、納期を守るようになる

**⑦コミュニケーション不足の解消**

　ルールの徹底で連絡ミスがなくなる

**⑧安全の確保**

　不要品などの放置や機械故障が減り、労働災害を防止できる

### 〈二次効果〉個人の能力や組織力の向上につながる効果

**①責任感の向上**

　5Sを進めていくと、社員はそれぞれ役割を担い、それを実施し

ていくことにより、責任感が生まれる。そして、自分の担当エリアの整理、整頓、清掃を通じて働きやすい職場にしようと心がけ、さらには、きれいになった職場にプライドを持つようになる

②**組織推進力向上**

５Ｓは、全員の活動のため、１人でも５Ｓに参加しなければ、そこだけ活動が止まる。そのため、全員が協力せざるを得なくなり、全員参加型が進み組織で推進する力がつく

③**改善につながる**

５Ｓを進めていくと職場のムダ、ムラ、ムリが減少していく

〈三次効果〉財務の向上につながる効果

整理では、適正在庫が進み在庫効率が向上する。整頓では、工具などを探す手間をなくし生産性が向上し製造コストを削減できる。清掃でも、機械の故障が減り、生産速度が上がって、製造コストを削減でき、清潔では、作業の標準化が進んで時間管理が徹底され、人件費を減らすことができる。躾では、ルールの徹底で連絡ミスがなくなり、再作業がなくなり、材料費や人件費を削減できる

 **５Ｓのための組織作り**

５Ｓ活動をしていくための組織として、まず５Ｓ委員会を設置します。

■ **５Ｓ委員会の設置**

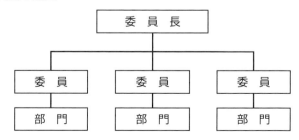

## ①委員長の選出

委員長は原則、社長がなります。トップ主導型が速やかに進みます。しかし、企業の規模などにより、社長が担当できない場合もあります。その場合は、社長に次ぐ者を任命してください。

## ②委員の選出

委員は各部門より選出します。特に、部門長にこだわる必要はありませんが、5Sを推進していく力のある社員を選出してください。

### ■5S委員会の役割

- 5Sの推進計画を作成する
- 5Sの教育を行なう
- 5Sを進めるための道具を作る
- 5S推進のための部門の役割分担を決定する
- 5Sの規定を作る
- 5Sの進捗管理を行なう

## 🖊 5S委員会の開催

## ①開催の頻度と時間

5S委員会は月2回、1回あたり1時間程度で開催します。

## ②書記を任命する

委員長は、委員の中から書記を任命します。書記は、委員会開催の都度、議事録をとるようにします。

## ③議事録は閲覧できるようにする

議事録は、誰でも閲覧できるようにしておきます。

### ■議事録の意義

- 現在までの進捗管理…どこまで進んでいるのか、どこに問題があるのかを確認できる
- 委員の認識統一…委員間の認識の違いが生じなくなる

# 3S（整理、整頓、清掃）で
# 5Sを徹底させる

5Sの徹底でポイントとなる3S（整理、整頓、清掃）を推進するために手順を理解する

　5S委員会の設置が完了したら、さっそく5Sを進めていきましょう。職場でどう進めていけば良いのかを具体的に説明していきます。

## ✎「整理」の役割

　整理とは、「要るものと要らないものを分けて、要らないものを捨てること」です。整理の目的は、ムダの排除です。そのために、「不要品」の排除活動をしていきます。整理ができていないと、いたるところで要らないものが処分されず放置され、次のような問題が発生します。

### ■整理されていないことにより発生する問題

- 必要なものが見つからず作業時間がかかってしまう
- 要らないものに場所を占有され、作業がやりにくくなる
- 要らないもののために保管コストがかかってしまう

## ✎「整理」の手順とポイント

　まずは、整理のルールを明確にします。整理のルールは、「要るものと要らないものとの判定ガイド」です。これを明確化し、マニュアルにまとめることで、要・不要の判定ができ、不要品を摘出・排除できるようになります。具体的には次の手順で進めると良いでしょう。

### ①不要品の判定基準を設定する

　過去の使用実績による基準と将来の予測に基づいて判定します。

## ②不要品判定管理表を作成する

不要品判定は、５Ｓ委員会で各部門、対象区域の対象物ごとに作成し、不要品抽出の管理表として、作成します。

■不要品判定管理表の例

| 対象物（細区分） | | 不要品期間 | 不要品判定者 | 確認者 | 不要品一覧表記載 |
|---|---|---|---|---|---|
| 原材料 | 主原料 | 6か月 | 主任 | 課長 | ○ |
| | 補助材料 | 6か月 | 主任 | 課長 | ○ |
| | 端材 | 6か月 | 主任 | 課長 | |
| 仕掛品 | | 6か月 | 主任 | 課長 | ○ |
| 半製品 | | 6か月 | 課長 | 部長 | ○ |
| 製　品 | | 6か月 | 課長 | 部長 | ○ |
| 治工具 | | 6か月 | 課長 | 部長 | ○ |
| 金　型 | | 6か月 | 課長 | 部長 | ○ |

＊不要品期間とは、対象物を保有できる期間を言う。

## ③手持ち管理表を作成する

手持ち管理表とは、治工具、金型、測定具、運搬具などを対象に、手元に保有する数量、種類を使用頻度に応じて設定したものです。

■手持ち管理表の例

| 職場名 | 製本課（印刷機種別工具類） | | | | |
|---|---|---|---|---|---|
| 機種 | 工具名称 | 使用頻度 | 手持ち基準 | | 備考 |
| 1号機 | 六角レンチ4mm | 毎日 | 機種別 | 1個 | |
| | 六角レンチ5mm | 毎日 | 機種別 | 1個 | |
| | ドライバー　＋ | 随時 | 共有 | 1個 | |

## ✐「整理」の実施手順

### ①一斉スタート

整理基準と計画が決定したら、整理を開始します。ポイントは、期間を決めて一斉に行なうことです。

### ②不要品の摘出

不要品の摘出は、要らないものに整理品伝票を貼り整理を進めます。

### ③不要品の判定

整理品伝票を貼られたものに対して、伝票と現物を照らし合わせて不要品かどうかの判定を行ないます。次に、不要品判定管理表と照らし合わせて処分の判定を行ない、その結果を不要品一覧表に記録します。

### ④不要品の処分

不要品一覧表をもとに廃棄や売却など最適な処分方法を決定し実施します。

## ✎ 「整頓」の役割

整頓とは「ものの置き場を決め、使ったものを必ず所定の場所に戻すこと」です。整頓の目的は、取りにくいムダ、探すムダなどにより発生するムダな時間を省き、できるだけ有効な実労働時間を増やすことにあります。

## ✎ 「整頓」の手順とポイント

### ①整頓の手順を定める

まずは、次のような整頓の基準を作ります。そして、それをまとめて整頓の手順書として明確にしておきましょう。

---

- 表示基準

  ものの配置や置き場の表示、品名の表示、数量の表示を決める

- 置き場設定基準

  ものの置き場が誰でもわかるようにするために、ものの置き場に番地をつけて示す

- 容器数量基準

  容器への収納数の基準を取り決めておく

---

## ②整頓の対象の明確化

次に、整頓の対象ブロックを明確にします。

---

- **配置の決定**
  整頓対象となるものの配置をそれぞれ明確にする
- **表示の決定**
  材料、部品などの表示を決める
- **ツールの準備**
  整頓するための道具を準備する
- **整頓のスケジューリング**
  整頓対象ごとに「いつからスタートして、いつまでに、誰が、何をするのか」を計画する
- **実施**
  スケジュールや分担に従って各表示、線引きなどの整頓作業を行なう

---

## ③整頓における表示を定める

対象ブロックが決まったら、どのように表示するかを定めます。

---

- **ものの配置の決定**
  配置の基本原則により配置を決定する
- **配置場所の整備**
  配置決定後、５Ｓ対象ブロックの整備を行なう
- **配置場所の表示**
  ものをどこに配置させたかを明らかにする場所の表示を行なう
- **名前の表示**
  そこに何を置くのか、置くべきものの表示を行なう
- **量の表示**
  適正な量の表示を行なう
- **色による区分け**

資材・工具などを使用目的別に分類し、そのカテゴリーごとに色を決めるなど、確認できる仕組みを作る
- **形跡及び型枠の利用**
　　戻しやすくするため形跡を利用したり、型枠を彫りそこに配置する型枠利用をしたりする

### ④「整頓」のポイント

　ポイントは2つあります。1つ目は、「整頓は仕組み作り」だと意識するということです。これを意識しながら実行するのが成功への近道と言えるでしょう。2つ目は、職場を常に外部から見られるようにすることです。これにより、いつも整頓しようという意識を強めることができます。

## ✎「清掃」の役割

　清掃とは、「汚れた場所を掃除し、きれいにすること」です。清掃活動をうまく進めていくためには、まず社員が自分たちの職場は自分たちできれいにしていこうという意識を持つことが重要です。

　そして、清掃の目的は、確実な清掃の実施により、汚れなどが原因になって発生する不良品や設備類の故障などを防止することです。

## ✎「清掃」の手順とポイント

　清掃は、毎日行なう短時間の「日常清掃」と、清掃しながら職場内の設備類の不具合がないかをチェックする「点検清掃」に分けて、それぞれ実施すると良いでしょう。具体的なポイントは、以下の通りです。

〈日常清掃〉
- **対象範囲の決定**
　　清掃活動を開始するためには、対象範囲を決定する

- **対象区域及び担当者の決定**

　清掃の対象となる区域を明確にし、清掃の担当部署や担当者を決めて清掃担当者マップを作る

- **時間帯と所要時間の決定**

　清掃を行なう時間帯はあらかじめ決めておき、その時間帯に社員全員で一斉に行なう

- **清掃方法の決定及び用具の準備**

　清掃の対象にあった清掃方法を決定し、それらを実行するための用具を準備する

- **清掃の実施**

　清掃の対象ごとに定められた担当者が、所定の用具を使い、所定の方法で清掃を実施する

- **定期的な実施状況のチェック**

　清掃チェック表を用いて、実施状況を定期的にチェックする

- **定期的なルールの見直し**

　清掃のルールを定期的に見直すなどして継続的な改善に努め、最適な清掃が行なわれる状態を維持する

**〈点検清掃〉**

- **対象設備類の決定**

　点検という目的を兼ねて清掃を行なう設備類を明確にする

- **担当者の決定**

　対象設備類ごとに、点検清掃の担当者を決める

- **時間帯と所要時間の決定**

　点検清掃は、日常清掃と同時に行なう

- **点検清掃方法の決定**

　点検する設備類に合わせた清掃方法を決定する。そして、異常や汚れなどが発生していないかを調査し、点検する箇所とその項目、点検箇所の清掃の順序を決定する

- 点検清掃の実施

　設備ごとに定められた担当者が定められた手順で点検清掃を実施する

- 定期的な実施状況のチェック

　定められた通り点検清掃が実施されているか、定期的に確認する

- 定期的なルールの見直し

　清掃のルールを定期的に見直すなどして、継続的な改善に努め、最適な清掃が行なわれる状態を維持する

## 汚れない職場作りのためのアイディア

　清掃が行き届いた職場環境を作るために便利なアイディアを紹介しましょう。

　1つは、台車にモップを取り付け、運搬と清掃を同時に行なう「ついで清掃」です。このように、手間をかけずに清掃できるような工夫も大切です。

　もう1つは、「発生源対策」です。汚れない職場を作るためには、汚れの発生源をつきとめ、その発生源を絶つ必要があります。汚れの発生源を絶たなければ、汚れの発生、清掃、発生、清掃の繰り返しになるからです。汚れの発生源を確認し、汚れを出さない方法を考えましょう。

# 2S（清潔、躾）で現場に5Sを定着させる

5Sを定着させるために2S（清潔、躾）の仕組みを構築する

## ✐「清潔」の役割

　清潔とは、「整理、整頓、清掃により、きれいな状態を維持すること」です。つまり、誰が見ても、誰が使っても、整理、整頓、清掃がきちんと実行され、きれいな状態が維持されていることを言います。3Sが行動を表しているのに対して、清潔は状態を表しています。

　清潔の目的は、3Sを徹底し、標準化していくことで、社員の安全・衛生管理や効率的な作業環境、機械・設備の故障防止や効率的な運転、製品の品質向上を図っていくことです。

## ✐「清潔」の手順とポイント

### ①3Sの徹底と標準化

　3Sの徹底と標準化は、3Sを日常業務の一環として組み入れ、毎日実行できるようにすることで実現します。そのために、運用基準を明記した手順書を作成し、社員に周知して、実際に行動してもらいます。

### ②再発防止策を講じる

　毎回同じような問題が発生しているものについては、問題が次回からは発生しないように「3Sの再発防止策」を講じます。そして、不要品が発生しない仕組み（整理）、乱れない仕組み（整頓）、汚れない仕組み（清掃）を構築します。

## ✐「躾」の役割

　躾とは、「職場のルールを守ること」です。社員は就業規則をはじめ、

各職場で定められたルールを守らなければなりません。そのためには、社員全員で話し合いを行なうなど、理解を得た職場のルールを作ることが大切です。躾の目的は、職場をより安全にすること、あるいは職場のより良い風土作り、さらには企業発展です。

　躾ができていないと次のようなことが発生します。

### ■躾ができていない場合に発生する問題

- 整理しても、すぐに不要品がたまる
- 整頓しても、すぐに治工具や刃具が乱れる
- お客様が来ても挨拶がなく、信用を落とす

## ✒ 「躾」の手順とポイント

### ①ルールを作る

　職場にどのようなルールがあるかを点検します。必要なルールが存在しない、あるいはルールがあっても、そのルールの内容が不明瞭な状態では、躾を徹底することは困難です。必要なルールを作りましょう。

### ②ルールを実践する

#### ・ルールを周知する

　ルールがしっかり周知されているかを確認します。ルールの存在を知らなければ、そのルールを守ろうという行動には結びつきません。

#### ・ルールを守る

　ルールを守る環境を作り、徹底させます。

#### ・ルール違反は注意する

　ルール違反は、その場で注意することが大切です。

### ③必要があればルールを変更する

　守れない場合、ルール変更の必要があれば、変更してもかまいません。

### ④ルールを繰り返し、辛抱強く指導する

　ルールを守らない場合は、繰り返し、辛抱強く指導していきます。

## ５Ｓの実施でよく出る意見と回答例

　５Ｓ活動を始めようとしたときに、社内からさまざまな意見が出る可能性があります。それに対して、きちんとした回答がなければ、５Ｓを社内に浸透させることはできません。

　以下に、よく出る意見と回答例を紹介します。

【意見１】　５Ｓよりも仕事が優先ではないか

　「勤務時間中にスケジュールに従って５Ｓを行なっていますが、そもそも５Ｓよりも仕事が優先ではないですか」

【回答１】

　「５Ｓも仕事だと考えます。どちらが優先ということではありません。５Ｓを仕事の１つとして捉え、通常の仕事と並行して進めてください」

【意見２】　作業道具などがどこにあるかは自分でわかっている

　「作業道具など日常使用するものがどこにあるかは自分で把握していますので、整頓する必要はありません」

【回答２】

　「作業道具は、共有で使うものです。そのため、誰もがいつでも使えるようにしておくことが大切です」

【意見３】　使わないものでも、いつか使うと思うから捨てられない

　「これは、今は使わない部品だけれど、いつか使うかもしれません。捨てるなんて、もったいないし……」

【回答３】

　「不要品基準を定めたのだから、基準に従って処分すべきです。そのままにしておいたら、どんどん不要品が積み上がり、その場所がムダになります」

【意見4】 5Sを実施しても業績につながらない

「5Sを一生懸命やっても、きれいにはなるかもしれませんが、業績にはつながらないのではないですか」

【回答4】

「不要品の処分によりスペースが少なくなって賃料が削減されたり、機械の点検整備によってチョコ停や不良品発生を防止したりして、コストを削減できます」

# 5-4

## 改善提案制度の仕組みを取り入れる

日頃から改善提案を受け付け、速やかに実行することで、仕事のやり方を常に改善して進化させていく

### ✏ 改善提案制度の役割

　日常の仕事を効率的に進めていくためには、日々の業務の改善が大切です。そのための手段として、「改善提案制度」が非常に役に立ちます。改善提案制度とは、業務をより良く進めるための創意工夫について社員に提案してもらい、業務を改善することです。改善提案活動を続けていくことで業務が進歩し、より良い循環がもたらされます。

### ✏ 改善提案制度を導入するメリット

　例えば、製造部門では、作業時間が削減されて作業の効率化、作業上のトラブル改善による不良品の発生防止、機械の故障やチョコ停の防止、作業の安全性の向上につながります。その結果、製造コストの削減につながり、利益の増加をもたらします。

　事務部門では、事務作業の効率化などが進み、コスト削減につながります。一方、社員の能力開発にもつながります。改善提案活動には、上司の支援も必要なので、OJT教育にもなります。

### ✏ 改善提案制度の仕組み作り

　改善提案制度を実施するための具体的な手順は、次の通りです。

#### ①審査委員会を設立する

- 審査委員を各部門から選出
- 審査委員会で改善提案書を作成
- 報奨制度を検討

- 改善提案の周知方法を検討

②**審査委員会で改善提案の募集**

改善提案書を入れる改善箱などを準備する

③**審査委員会で改善提案の検討**

集まった改善提案を定期的に委員で検討する

④**改善提案の採用の可否を決定し、提案者に通知**

報奨制度があれば同時に報奨する

⑤**採用案は、所管部に実施依頼をする**

実施並びに効果の確認は所管部で行なう

## ✏ 改善提案制度の進め方

　改善提案制度を作っても、実際には、ただ「改善提案を受け付けます」と言うだけでは、なかなか提案は出てきません。強制的かもしれませんが、全員が最低、月に1件は提案するという制度にしてみましょう。

　提案が浮かばないという社員もいますが、業務において完全なものはないはずです。「もっと効率的にするには」「もっと負担をなくすには」「もっと安全にするには」と考えていくと必ず改善すべきものが見つかります。積極的に業務の改善提案を出すように推進していきましょう。

　また、改善提案に対して、会社側として報奨金を出すこともあります。報奨制度を設けると、改善提案した社員に報奨金などで報いることができます。

　改善提案書の作成例は、次の通りです。

■改善提案書の例

| 改　善　提　案　書 | | |
|---|---|---|
| 所属　　製造部 | 氏名　　田中　一郎 | ○ 年 ○ 月 ○ 日 |

【現在、どのようにしていますか】

共用の3段の工具箱に雑然と工具類が置かれています。

【どのような問題が発生していますか】（非効率化、負担、不安全など）

① 工具を探すのに時間がかかります。

② 工具の置く方向が悪く、刃部でケガをすることがあります。

【どのようにしたら改善できますか】

① 切削工具、作業工具、冶具の順にそれぞれの段を分けます。

② 工具は、姿絵を書き、必ずその場所に返却するようにします。

【どのような改善効果がありますか】（効果とは効率化、負担減、安全化など）

① 工具を探す手間がなくなります。

② 使うときに工具でケガをすることがなくなります。

| 所管部使用欄 | | 効果確認 |
|---|---|---|
| 1．実施　　　　　　実施日：　　　年　　月　　日 | | 確認日：　　　年　　月　　日 |
| 2．一部修正し実施　実施日：　　　年　　月　　日 | | 実施後効果はどうか |
| 3．実施しない　理由： | | |

注1．記載方法は、図、表、イラストでもかまいません。
注2．記載しきれない場合は、別紙を添付してください。

改善提案制度を導入すると、さまざまな意見が出てきます。意見が出た際には、社員に伝わるよう丁寧に回答することが重要です。以下に、意見と、その回答例を紹介します。

【意見1】 仕事の改善をするのは当然ではないか

 「自分の仕事に問題があれば、自分で率先して解決すれば良いと思います。何も改善を制度化する必要はありません」

【回答1】

 「実際、慣れた仕事のやり方を変えるのは、変えることによる問題が生じることもあるため、なかなか変えられません。そのため、改善提案という制度で変えていきます」

【意見2】 仕事が忙しくて改善提案など考えていられない

 「製造現場では、時間に追われながら行動しているため、改善提案なんて考えている暇はありません」

【回答2】

 「作業中は、もちろん考える余裕はないでしょう。しかし、そうした時間に追われる作業ではないときに考える、あるいは普段から問題意識を持っていれば改善提案は生まれるはずです」

【意見3】 改善提案書にいちいち改善内容などを記載するのは面倒

 「事務仕事でない部門は、わざわざ改善提案書に書くのは大変な作業に感じます。書くことに慣れていないため苦痛です」

【回答3】

 「文章で書けなければ、図やイラストで提出する方法でも問題ありません。あるいは口頭で内容を所管部に伝える方法でもかまいません」

# 営業部門—営業日報の仕組みを取り入れる

営業日報は、営業活動の内容を共有するための大切な商談記録となる

## 営業日報の役割

営業日報は、日々の営業活動を記載するものです。各営業担当者は営業活動終了後に、訪問先、目的、商談内容、月や日々の目標に対する達成状況などを営業日報に記載します。

これにより、行動管理と目標計数に対する進捗管理が行なえます。営業目標を下回る場合は、その対策も記載しましょう。そして、記載が完了したら、上司に提出して営業指導を受けます。

営業日報は、会社全体の計数目標を達成するための基本となるものです。手間がかかると感じる社員もいるかもしれませんが、経営計画達成のためにも欠かせません。

## 営業日報の仕組み作り

営業日報の構成は、企業によってさまざまですが、共通しているものをあげます。

まず、訪問した時間、訪問先、訪問相手、訪問目的、商談状況、商談結果を記載します。要点がしっかり書かれていないと、上司も具体的な指示ができないので、ポイントを押さえた構成にする必要があります。

また、計数については、今月の目標、今月の実績、本日の目標、本日の実績を記載します。さらに、その日の問題点と対策を記載します。

最後に、上司のコメント記入欄を設け、指導内容を共有するようにして、翌日以降の営業の見直しに役立てましょう。

## 営業日報を書くメリット

**・日常の営業活動を詳細に把握することができる**

　これにより、上司が営業方法などにムダがないかを検証できます。

**・商談状況が把握できる**

　商談状況が把握できていると、上司の支援が必要なときなどは、タイムリーに同行訪問をしてフォローできます。

**・目標の進捗を確認し、対処できる**

　営業担当者のその日の目標の達成度がわかりますので、当日の目標を下回っている場合には、その対策を一緒に検討することができます。

**■営業日報の例**

担当者　山田　太郎　　　　　　　　　　　　　　　　　　　　○年○月○日○曜日

| 時間 | 訪問先 | 訪問相手 | 訪問目的 | 商談状況 | 商談結果 |
|------|--------|----------|----------|----------|----------|
| 10:00 | ○商事 | 山崎部長 | 新製品の案内 | 新製品のセールス | 4月から400セット納入決定。 |
| 11:00 | ○興業 | 長谷課長 | 新規取引先の訪問 | 製品の案内とセールス | 製品を理解してもらった。 |
| | | | | | |

| 今月の目標 | 今月の実績累計 | 問題点と対策 | 上司指示 |
|------------|----------------|--------------|----------|

 ## 営業日報でよく出る意見と回答例

　営業日報によるメリットは多いですが、一方で営業担当者の負担になるのも事実です。否定的な意見が出たときにきちんと必要性を説明できるようにしておきましょう。

**【意見1】営業日報なんて作らなくても覚えています**

　「訪問内容を日報に書かなくても自分で覚えているので問題ありません。日報を書く手間がかかるだけです」

【回答2】

「日報がなければ、自分の営業上の問題点などがわかりません。日々、日報を確認することで、その日の営業状況を振り返り、営業の見直しができます。手間はかかりますが、営業日報を書く習慣をつけてください」

【意見2】 問題があれば口頭で報告を受けて指導します

「営業日報がなくても、問題があれば、営業担当者から申告してもらっているのでわかります」

【回答2】

「営業先からお叱りを受けたなどのスポット的な問題は営業担当者から報告があればわかります。しかし、営業成績が上がらないという問題は、日報で日々の訪問状況を確認しないと具体的に対策を講じられません」

【意見3】 営業日報は、訪問時間と訪問先だけ記載すれば良い

「その都度、訪問先の目的、商談状況、その日の成果の進捗などを書いても意味がないと思います。いつ、どこへ行ったかを記載し、受注したときはいつ誰から受注したということだけを営業行動の備忘録として記載すれば良いのではありませんか」

【回答3】

「新規取引先などは、時間的な動きだけでは、上司はアドバイスできません。どのような交渉段階にあるのか、あるいはどのような問題を抱えているのかがわかると、上司も支援しやすくなります」

# 営業部門—顧客台帳の仕組みを取り入れる

顧客台帳は、取引先に関する情報を蓄積した大切なものである

## 顧客台帳の役割

　顧客台帳は、取引先情報を作成し管理していくものです。顧客台帳には、取引先の売上規模や社員数などの基礎情報、取引先評価情報、取組方針、訪問記録などを記載していきます。これにより、取引先の内容が確認できるとともに、取引先と自社との取引内容がすべてわかります。

## 顧客台帳の仕組み作り

　顧客台帳では、「取引先情報」として、売上高、販売先、仕入先などの企業の業務内容や取組内容を記載します。次に、「取引先評価」として、品質、コスト、納期、財務力などの取引先の業務力並びに財務力の評価を記載します。

　さらに、「訪問交渉記録」として、取引先企業とどのように取引していくかの取組方針を決め、その方針に従って訪問計画を立てて、それをもとに訪問した状況を記載していきます。

　顧客台帳の基本的な内容は、次の通りです。取引先の状況により、必要な情報は適宜追加しましょう。

---

### ①取引先情報

- 社名、住所、代表者、所管部署、設立年月、業務内容
- 売上高、社員数、主要販売先、主要仕入先、取引銀行
- 支払条件

---

## ②取引先評価

- 定性条件

   品質、コスト、納期、資産力、経営者能力、販売力、仕入力、技術力、開発力

- 定量条件

   収益性、安全性、成長性（決算書より分析）

## ③訪問交渉記録

- 取組方針
- 訪問計画
- 訪問実績…訪問日、面談者、面談結果、次回の対策、上司意見

以上の内容を台帳として作成した場合は次のようになります。

### ■顧客台帳の例〈表〉

| 取引先情報 | | 取引先評価 | |
|---|---|---|---|
| 社名 | ㈱○○工業 | 品質 | 品質の○○段階の○レベル |
| 住所 | ○○市○○5-10 | コスト | 低コストを武器にしている |
| 代表者 | 代表取締役　野中一郎 | 納期 | 定められた納期による |
| 所管部署 | 購買部 | 資産力 | 自社社屋と工場は自社所有 |
| 設立年月 | ○年○月 | 経営者能力 | リーダーシップ力がある |
| 業務内容 | 機械部品の販売 | 販売力 | 全国シェア20%を持つ |
| 売上高 | 100億円 | 仕入力 | 安定した仕入先を持つ |
| 社員数 | 100名 | 技術力 | ○○では、業界No.1の技術を持つ |
| 主要取引先 | ○○物産他5社 | 開発力 | 自社に開発部門を持つ |
| 主要仕入先 | △△工業他5社 | 収益性 | 業界平均以上 |
| 取引銀行 | 東洋銀行 | 安全性 | 業界平均以上 |
| 支払条件 | 3か月の支払手形 | 成長性 | 飽和状態になりつつあり |

訪問交渉記録

| 取組方針 | 3月中に新製品の取引を契約する。 | | | |
|---|---|---|---|---|
| 訪問計画 | 毎週1回は訪問する。 | | | |
| 訪問日 | 面談者 | 面談結果 | 次回対策 | 上司意見 |
| 3月22日 | 宮田部長 | 当社の製品に理解を示す。 | 継続して説明する。 | 相手の要望をよく聞くこと。 |
| 3月29日 | 宮田部長 | 納入の方法で話が進む。 | 契約に結び付ける。 | 契約条件を詰めること。 |

## 顧客台帳をもとにした営業の進め方

　営業面では、取引先の会社の状況がわかりますので、そうした情報をもとに、製品などの取引内容を打ち合わせしていくことができます。また、営業上の製品取引などでは、一般的に与信を設定します。こうしたときに、過去の取引量や財務面をもとに評価していきます。さらに、毎年度、取引方針を決め、その方針をもとに訪問していきますが、商談状況を把握して、取引の強化を図っていきます。

## 顧客台帳を作るメリット

　第1に、取引先の全容がわかるため、取引方針を容易に設定できます。第2に、取引先の業務力や財務力がわかるため、与信管理に利用できます。第3に、取引先との時系列の交渉経緯がわかるため、自社の営業担当や上司が変更になっても、今までの経緯がきちんと把握でき、スムーズな引き継ぎができます。

## 顧客台帳でよく出る意見と回答例

　新規顧客の獲得は、以前にも増して難しくなっています。そのため、既存の顧客について、顧客台帳で管理することは、非常に重要です。会社の利益につながる重要な役割を担っていることを社員にも理解してもらい、定着させていきましょう。

**【意見1】顧客台帳を作るのは手間がかかり管理も面倒だ**

「顧客台帳なんて必要ないです。いつも訪問している担当者が
よく知っているので、知りたいことがあれば担当者を呼んで
聞いています」

**【回答1】**

「担当者がお客様を深く理解していることは非常に良いと思い
ます。しかし、その担当者が退職したら情報がわからなくな
ってしまいます。また、人が記憶できる量は限られています
し、勘違いも生じるかもしれませんので、台帳を作成してく
ださい」

**【意見2】顧客台帳の訪問交渉の記録は日報があるので必要はない**

「訪問交渉の記録をつけなくても日々の日報でお客様との交渉
は把握できます」

**【回答2】**

「お客様との交渉は、時系列で見なければ、契約上問題が生じ
たときなどは対応できません。この場合、日報では探す手間
が相当かかります」

**【意見3】信頼関係ができているから記録なんて必要ない**

「お客様とは、長年にわたって取引を継続しているので信頼関
係が構築されています。そのため、顧客台帳を作る必要があ
りません」

**【回答3】**

「取引が長く続いている企業とは、お互いに信頼関係があり、
取引もスムーズでしょう。ですが、取引先の財務内容が急に
悪化することもあります。今は安心だと思っている取引先で
も、将来はわかりません。与信面からも、継続して取引先の
情報を収集しましょう」

# 製造・建設部門—作業手順書の仕組みを取り入れる

作業手順書は、作業工程の取り扱いをまとめたもの

## ✒ 作業手順書の役割

　作業手順書とは、各部署で作業する工程を時系列にまとめたものです。そして、当該工程でのポイントや必要な業務知識も記載します。これにより、作業の標準化を進め、効率的な仕事を目指すことができるとともに、品質の向上や部下の指導、技能伝承が可能になります。

## ✒ 作業手順書の仕組み作り

### ①作業手順書の基本的な構成

　決まった構成はありませんが、以下に基本的な例を掲載します。

### ■作業手順書の例

| ○○課 | | ○○職場 | 作業人員 | 1名 | 作成日 | ○年○月○日 |
|---|---|---|---|---|---|---|
| | | | | | 改定日 | ○年○月○日 |
| 作業名 | | 配送車の洗車・清掃手順 | | | | |
| 作業範囲 | | 配送車の洗車・清掃 | | | | |
| 機械 | | 洗車機、掃除機 | | 道具類 | ブラシ | |
| 資格・免許 | | 自動車普通免許 | | 保護具 | 専用手袋 | |
| No. | 作業手順 | | | ポイント | | 必要な業務知識 |
| 1 | 配送車の鍵を保管庫からもってくる。 | | | 鍵の紛失に注意 | | |
| 2 | 配送車を保管場所から洗車場に移動する。 | | | | | 洗車手順書を準備 |

## ②作成上の留意点

　作業手順書は、当たり前ではありますが、法律に違反しない内容であることが大切です。職場の安全衛生基準などに照らし合わせて、問題がないかどうかを検証しましょう。また、単独で作るのではなく、自社の技術基準や設備管理基準などを参照して作ります。

　生産用と安全用に分けて作業手順書を作成している場合がありますが、別々に見るのは煩わしいので一本にまとめることが望ましいです。

## 作業手順書を作るメリット

### ・作業ミスが減る

　顕在化した手順書があれば、常に手順書に沿って作業することになるため、作業ミスが減ります。

### ・事故防止になる

　作業手順書に過去の事故事例などを組み込むことにより、同じような事故を防止できます。

### ・社員教育が迅速化する

　作業手順書をテキストにして、新入社員や後輩に対して、正確かつ迅速に指導することができます。

### ・技能伝承ができる

　熟練した技術者が退職しても、作業手順書が技能伝承ツールとなるため、作業に支障をきたしません。

### ・生産性が向上する

　最も適切な手順をまとめていますので、ムリ、ムダ、ムラのない作業にしていくことができます。

## 作業手順書でよく出る意見と回答例

　日々、問題なく作業ができているのに、改めて作業手順書を作成するように言われると、反発する社員もいるかもしれませんが、手順書作成にはさまざまなメリットがあります。それを社員に説明しましょう。

**【意見1】作業手順書がなくても覚えている**

「作業のやり方はすべて体得していますので、手順書として書いておかなくても大丈夫です。むしろ作るのが大変です」

**【回答1】**

「作業のやり方をすべて体得していれば、作業は早いでしょう。ですが、その体得までに相当時間がかかったはずです。後輩や新入社員のために、大変かもしれませんが、作業手順書を作成しましょう」

**【意見2】熟練者がたくさんいるから、その場で教えてもらえる**

「うちは熟練者がいるから、作業でわからないときや困ったときはその人に聞けばすぐに解決しますので、作業手順書は要りません」

**【回答2】**

「熟練者がいると、しっかり教えてもらえるので、確実に作業が進められます。ですが、熟練者もいずれは退職します。そのとき、簡単には技術を引き継げません。今から作業手順書を作成しておくことで、技能が途絶えないようにしましょう」

**【意見3】先輩の作業を見ていれば自然に覚えられる**

「先輩をそばで見ているうちに作業のやり方は覚えますので、作業手順書なんて要りません」

**【回答3】**

「なるほど、見て覚えるというのも大切ですね。ただ、現在の作業に非効率な面があったり、事故の危険性などの問題を抱えていたりもします。作業手順書として作成することにより、問題を分析してみませんか」

## 5-8

# 製造・建設部門─外注管理の仕組みを取り入れる

外注管理を行なえば、外部委託先が第2の製造工場となる

## ✎ 外注管理の役割

外注とは、全部または一部の作業を外部に委託することです。これを利用する場合に、外注先について内外作区分の検討、選定、価格決定、納期管理、品質管理といった手順を踏んで管理していきます。

## ✎ 外注管理を行なうメリット

**・過度な依存がなくなる**

外注先への依存程度を明確にすることで、過度な依存がなくなり、外注先でトラブルが起こった際に対応しやすくなります。

**・外注先の力量を測れる**

外注先の評価を行なうことで、外注先の力量をきちんと把握できます。

**・適正な取引ができる**

外注先の価格を把握できるために適正な外注費で取引ができます。

**・納期遅れがなくなる**

外注先の生産・施工計画を把握できるため、納期遅れがなくなります。

**・品質トラブルがなくなる**

外注先の品質管理も行なうので、品質トラブルがなくなります。

## ✎ 外注管理の進め方

### ①内外作の区分を設定する

社内で行なうか、それとも外注で行なうかは重要な問題で、製品の品質、コスト、納期等に影響します。このため、外注するかどうかは、一

定の基準を設けて決めることが大切です。

　社内で製作する基準としては、①自社に生産能力がある、②技術を自社で保有したい、③自社生産がコスト上有利などがあります。

　一方、外注の決定基準としては、①社内の生産能力を超える受注がある、②技術的に社内ではできない、③外注のほうがコストが安いなどがあげられます。

### ②外注先を選定する

　従来からのつながりで外注先が固定化している場合が多く見られますが、外注先の経営内容や能力は変わる可能性があるため、常に外注先を「選定」するという意識が必要です。

　そのためには、外注先管理カードや評価表を作成します。

### ■外注先管理カードの例

○年○月○日現在

| 企業名 | ○○会社 | 設立年月 | 1974年10月 |
|---|---|---|---|
| 代表者名 | 山田太郎 | 所在地 | 東京都渋谷区 |
| 資本金 | 1,000万円 | 電話番号 | (03) △△△ - ××× |
| 社員数 | 50名 | 業種 | 部品製造 |
| 経営状況 | 社長交代後、業績はやや減少傾向にある | | |
| 主要業務 | 部品製造販売 | 主要設備 | ○○機械 |
| 取引条件 | 手形3か月 | | |
| 取引銀行 | ○銀行○支店 | 担当者 | ×× |
| 取引経緯 | 1985年に取引開始。当社製品の10%を外注 | | |
| 特記事項 | | | |

### ③外注価格を評価する

　外注内容に応じ、選定した数社より見積りを取り、内容の検討を行ないます。見積りは通常、材料費、労務費、経費などを集計したものが外

注先から提出されます。これを見て、内容の正確性、妥当性、さらには安いのか高いのかを評価していきます。

　ここで重要なことは、自社のモノサシ（価格見積技術）で評価することです。このモノサシがなければ、見積金額が安いのか高いのかを評価できません。また、ただ安いからという理由で外注先を選び、トラブルが多くて修正などにコストがかかったなどということも起こり得るため、発注先を判断する技術を磨く必要があります。

#### ④納期管理を徹底する

　外注は、自社工場ではないため、内容が見えにくいものです。そのため、自社工場と同様に「生産管理」を徹底していく必要があります。納期遅れが発生すると、後の段取りに狂いが生じて全体に影響しますので、外注先の生産の計画と実績をチェックしていきます。そして、計画と実績に差異がある場合は、原因を究明し、計画通りに進めるにはどうしたら良いかを検討し、その対策を講じていきます。

#### ⑤品質管理を厳正に行なう

　品質管理は、非常に大切なことであり、不良品が発生すると、企業の将来にも影響を及ぼします。品質トラブルの原因は、仕様書を受け取った外注先が品質の内容を十分理解できていないことや外注先の品質管理体制の不備が多くなります。そのため、外注先との定例工程会議を通じて、工程ごとに仕様の確認を行なったり、品質管理のチェックシートなどを作成して活用したりします。また、外注先の品質管理体制に問題がある場合には、外注先に対して品質管理教育を実施します。

### ✍ 外注先を活用するときのポイント

　製造コストや工事コストを削減するためには、外注管理の中で、次のことを考える必要があります。

#### ・コストダウンを常に考える

　外注費は、製造原価そのものであり、この原価を下げれば利益が上がります。このため、外注のコストダウンの方法を積極的に検討していく

ことが大切です。

　コストダウンの方法としては、ＱＣ（Quality　Control：品質管理）
やＶＥ（Value Engineering：価値工学）などを活用していくと良いでし
ょう。

・**外注先の指導・育成を行なう**

　具体的には、生産方法改善等の技術面の指導や納期管理・品質管理の
管理レベルを向上させるための指導を実施します。こうした指導を行な
っていくことが、外注先のレベルアップにつながります。

・**外注先を新規開拓する**

　生産能力のアップのためや業務内容を広げていくためだけでなく、よ
り優良な発注先を見つけ出していくためにも、外注先を新規開拓するこ
とは重要です。

　企業は、外注管理の巧拙により、利益を上げたり、利益を失ったりし
ます。外注を利用している企業にとって、徹底した外注管理こそ収益増
の決め手であると言えるでしょう。

## 外注管理でよく出る意見と回答例

　外注管理は、可視化できない部分もあるため、想像以上に難しいもの
です。任せきりにしたり、認識のすり合わせを怠ったりすると、トラブ
ルの原因にもなりかねません。このことを、社員にも理解してもらう必
要があるでしょう。

**【意見１】外注先までチェックする余裕がない**

　　　「自社の工場の管理だけで精一杯です。外注先のことは、外注
　　　　先に任せておけば良いと思います」

**【回答１】**

　　　「自社できちんとした外注管理を行なわないと、結果として外
　　　　注単価が高くなったり、納期遅れや品質トラブルが発生した
　　　　りする可能性があります。それを避けるためにも、外注管理

は重要です」

**【意見2】外注先は技術レベルが低くて困っている**

「外注先を頼りにしているものの、品質面で不具合がよく発生して困っているんです」

**【回答2】**

「小規模な外注先も多いと思います。外注先は、いわば生産の協力会社です。必要であれば外注先に出向き、生産指導や品質管理の指導を積極的に行ないましょう」

**【意見3】外注先が手を引くのが怖い**

「外注先にいろいろ要求すると、手を引かれるおそれがあります。だから、細かいことには多少目をつむらなければならないのです」

**【回答3】**

「外注先に依存しすぎると外注先の立場が強くなります。そのため、製作などは1社に依存せずに、普段から外注先の開拓を怠らないようにしましょう」

# 総務部門―人事考課の仕組みを取り入れる

人事考課で大切なのは、社員の会社貢献度を正しく評価すること

## 人事考課の役割

　会社に対して、努力して貢献度が高い社員と努力せずに貢献度が低い社員が同じ昇給だとすれば、不公平です。こうしたことをそのままにしておくと、社員は真面目に仕事に取り組む意欲を失ってしまいます。

　きちんと会社への貢献度を評価して、適正な処遇を決めることが必要です。そのために、人事考課を行ないます。

## 人事考課の仕組み作り

### （1）人事考課を実施するための条件

- 人事考課基準が作成されている
- 作成した人事考課基準が社員に公開されている
- 人事考課基準により考課した結果が社員にフィードバックされている

### （2）人事考課を行なう目的

#### ①会社への貢献度評価

　会社に対する貢献度を適正に評価し、その結果を昇給、昇格・昇進、賞与などに反映させます。人事考課の中で、最も重要な評価です。

#### ②能力開発

　担当している仕事の能力を評価するとともに、さらに伸ばしていく役割があります。

#### ③適正な配置

　評価をする中で、仕事の能力や適性を判断して、最も適した職務配置

にするために利用します。

## （3）人事考課の評価対象

人事考課の評価対象は、勤務時間内における業務上の貢献度を対象とします。このため、性格や潜在能力などは評価対象としません。

## （4）人事考課の構成

### ①成績考課

成績考課は、業務の内容について質的な面と量的な面から評価します。

### ②執務態度考課

執務態度考課は、業務に取り組む姿勢を評価します。具体的には、規律性、協調性、積極性、責任性などを評価対象とします。

### ③能力考課

能力考課は、業務を遂行できる能力を評価します。知能・技能、判断力、企画力、折衝力、指導力、理解力、創意工夫などを評価します。

## （5）考課の種類

考課の種類は、賞与、昇給、昇格\*の3種類です。

＊昇格は、職能等級制度を導入している会社を基準にしています。

## （6）考課要素のウエイト

各考課要素は、役職、職務、職種などによって、評価にウエイトをつけます。また、考課の種類によっても評価にウエイトをつけます。

# 人事考課の進め方

## （1）考課者

1次考課者は、被考課者の直属の上司です。2次考課者は、1次考課者の上司になります。また、1次考課者と2次考課者の考課結果に違いがある場合には、2次考課者は1次考課者の意見を聞いて原因を探りま

す。３次考課が最終考課となり、多くの場合、経営者が行ないます。

## （２）考課方法

　原則として、あるべき姿（会社の求める水準）に対して、どういう水準なのかを評価します。ただし、被考課者全体の順位を決め、Ｓは全体の５％、Ａは10％というように評価割合を決める相対評価は原則として行ないません。相対評価では、割合が優先されて正しい評価にならないからです。

## （３）考課結果のフィードバック

　考課結果が出たら、面接により対象者に説明します。考課結果の良い者には、どこが良かったのかを説明するとともに、さらに高い目標を目指すように指導します。一方、考課結果の悪い者には、なぜ悪かったのかを説明するとともに、改善策を一緒に検討します。

## （４）考課の実施

### ①賞与の考課

　賞与は、賞与の考課表により評価します。賞与の考課表は、次ページの表のように、大きく分けると、成績考課と執務態度考課という２つの考課要素をあわせて作成し、評価します。

### ②昇給の考課

　昇給の考課は、改めて昇給として考課するのではなく、夏と冬の２回の賞与のために作成した考課表の内容を勘案して昇給評価を決定します。そのため、昇給の場合は、考課表による考課はありません。

### ③昇格の考課

　昇格の考課は、昇格の考課表により評価します。例えば、130ページのような表を用意しておくと良いでしょう。

## ■人事考課表（賞与）の例

### 人事考課表（賞与）

| 考要 | 課素 | | 評 定 基 準 | 1次 | | | 2次 | | | 決定 |
|---|---|---|---|---|---|---|---|---|---|---|
| 成績考課 | 仕事の質 | 1 | 仕事は、正確（間違いがない）であったか | 5 | 3 | 0 | 5 | 3 | 0 | |
| | | 2 | 仕事の出来栄えは良かったか | 5 | 3 | 0 | 5 | 3 | 0 | |
| | 仕事の量 | 1 | 仕事は、ムダなくテキパキと迅速に処理していたか | 5 | 3 | 0 | 5 | 3 | 0 | |
| | | 2 | 仕事が遅れて間に合わないことはなかったか | 5 | 3 | 0 | 5 | 3 | 0 | |
| 執務態度考課 | 規律性 | 1 | 上司の指示、命令はきちんと受け、守っていたか | 2 | 1 | 0 | 2 | 1 | 0 | |
| | | 2 | 報告、連絡、相談は正確に行なっていたか | 2 | 1 | 0 | 2 | 1 | 0 | |
| | 協調性 | 1 | 同僚の仕事を援助していたか | 2 | 1 | 0 | 2 | 1 | 0 | |
| | | 2 | 同僚とトラブルを起こさなかったか | 2 | 1 | 0 | 2 | 1 | 0 | |
| | 積極性 | 1 | 人の嫌がる仕事を進んで行なっていたか | 2 | 1 | 0 | 2 | 1 | 0 | |
| | | 2 | 問題意識を持ち、改善しようとしていたか | 2 | 1 | 0 | 2 | 1 | 0 | |
| | 責任性 | 1 | 仕事を途中で放棄することはなかったか | 2 | 1 | 0 | 2 | 1 | 0 | |
| | | 2 | 責任を回避・転嫁することはなかったか | 2 | 1 | 0 | 2 | 1 | 0 | |

### 人事考課表（昇格）

| 考課要素 | | 評定基準 | 1次 | | | 2次 | | | 決定 |
|---|---|---|---|---|---|---|---|---|---|
| 能力考課 | 知識・技能 | 1 仕事に関する基本知識を修得している | 2 | 1 | 0 | 2 | 1 | 0 | |
| | | 2 仕事の段取りができる | 2 | 1 | 0 | 2 | 1 | 0 | |
| | 判断力 | 1 事態を正確に判断し対応できる | 2 | 1 | 0 | 2 | 1 | 0 | |
| | | 2 自己流に陥ることがない | 2 | 1 | 0 | 2 | 1 | 0 | |
| | 折衝力 | 1 問題解決において相手と粘り強く交渉している | 2 | 1 | 0 | 2 | 1 | 0 | |
| | | 2 話し合いで自分の考えを相手によく伝えている | 2 | 1 | 0 | 2 | 1 | 0 | |
| | 理解力 | 1 上長の指示を誤りなく理解している | 2 | 1 | 0 | 2 | 1 | 0 | |
| | | 2 問題や状況を正しく理解している | 2 | 1 | 0 | 2 | 1 | 0 | |
| | 創意・工夫 | 1 仕事の手順や方法の改善策を提案している | 2 | 1 | 0 | 2 | 1 | 0 | |
| | | 2 新しい方法について考案している | 2 | 1 | 0 | 2 | 1 | 0 | |

## 人事考課のメリット

・**貢献度に応じた評価ができる**

　会社に対する貢献度を適正に評価した結果を昇給、昇格・昇進、賞与に反映させることができます。

・**能力開発に役立つ**

　担当している仕事の能力を評価するとともに、能力をさらに伸ばしていく役割があります。

・**適切な配置ができる**

　業務の能力や適性を判断して適した職務配置をすることができます。

## 人事考課でよく出る意見と回答例

　人事考課は給与面に大きく影響を与えるため、社員にとっては大きな

関心事です。やる気にも直結しやすいため、十分な配慮が必要です。

**【意見１】 社長が評価しているから人事考課表は不要**

「社長が普段の仕事ぶりを見て、各社員を評価しているので、人事考課表は必要ありません」

**【回答１】**

「社長が評価すれば、評価結果はすぐに出ます。しかし、人事考課表もなく評価すると、感覚的な評価に陥りやすいです。何を評価するのかを明確にして評価し、その結果をフィードバックしましょう」

**【意見２】 人事考課者は直属の上司が行なっている**

「部下の評価は、直属の上司が行ない最終決定しています。２次考課、３次考課までする必要はないと思われます」

**【回答２】**

「直属の上司の評価は重要です。しかし、一人の評価では片寄ることがあります。複数の段階の評価を行ない、片寄りをなくすことで、社員に納得感が生まれます」

**【意見３】 評価して差をつけたくない**

「みんな一生懸命やっているから、評価に差をつけたくないです。昇給や昇格などは年功序列のほうが良いと思います」

**【回答３】**

「勤続年数により、同じように昇給して、勤続年数をもとに昇格していくのは、差がつかなくてわかりやすいと思います。しかし、それでは一生懸命仕事をしても、しなくても同じ扱いになってしまいますので、一生懸命やろうとする人がだんだんいなくなります。やはり、きちんと評価することが必要ではないでしょうか」

# 総務部門──社員教育の仕組みを取り入れる

社員の成長は会社の成長につながるため、社員教育は会社の重要課題

## ✏ 社員教育の役割

　社員教育は、企業にとって重要な課題です。社員教育をしなければ、スキルが向上せず、常に同じことしかできません。社員教育をしていくことで、スキルアップできたり、今まで行なっていなかった業務ができるようになったり、他部門の業務も任せられるようになったりします。社員教育は、そうした仕事力をアップするために欠かせないものです。

## ✏ 社員教育の進め方

### （1）スキルマップを作成する

　スキルマップとは、各部門で必要なスキル（知識、技能）を選択し、現在の能力を個人別に図表化したものです。体系的に部門に必要な能力を知ることができ、能力開発に役立ちます。

#### ■スキルマップの作成手順

①どのようなスキルが必要なのかをカードなどに書き出す
②業務単位で分類し、さらに要素単位にまとめる
③必要に応じて要素をさらに作業単位まで分けてまとめる
④選択した要素単位ごとに仕事の難易度を設定する
　例：A…難しい、B…普通、C…容易
⑤選択した要素ごとに現在のレベルを評価する
　例：●…指導できる、◎…一人でできる、○…少しできる、△…ほとんどできない、無印…できない

■ スキルマップ表の例（印刷会社の例）

| 要素 | 基本ソフト | DTP基礎 | プレス基礎 | 製版 | 製造の基礎 | 設備管理 | データ管理 | 進行管理 | 見積り | デザイン | 5S運動 | パソコン | 報・連・相 | 積極性 | 挨拶 | 指導力 |
|---|---|---|---|---|---|---|---|---|---|---|---|---|---|---|---|---|
| 氏名　　難易度 | A | A | A | A | B | A | A | A | A | A | B | B | C | C | C | A |
| 山田太郎 | ○ | ● | △ | △ | △ | ○ | | ○ | ○ | △ | △ | ◎ | ○ | ○ | ○ | ○ |

●：指導できる　◎：一人でできる　○：少しできる　△：ほとんどできない　無印：できない

## （2）スキルアップとマルチスキル化を進める

　スキルアップ計画・実績表を使って、指導を受ける者と指導者を決めて、スキルマップに基づいて、年間計画を立てて計画的に教育します。

■ スキルアップ計画・実績表の事例（印刷会社の例）

| 製造部門 | | 現在のレベル | 目標のレベル | スキル名：基本ソフトの習得 | | | | | | | |
|---|---|---|---|---|---|---|---|---|---|---|---|
| 被指導者 | 指導者 | 現在のレベル | 目標のレベル | 区分 | 4月 | 5月 | 6月 | 7月 | 8月 | 9月 | 10月 |
| 山田太郎 | 井上達夫 | △ | ○ | 計画 | | | →| 終了 | | | |
| | | | | 実績 | | | →| ○ | | | |

## ✎ 社員教育を行なうメリット

- **社員の現状が把握できる**

　社員のスキルの現状が把握でき、必要な教育が明らかになります。

- **次のステップがわかる**

　スキルマップにより、次に何を目指せば良いかがわかります。

- **マルチスキル化が進む**

　全社的なスキルアップで、マルチスキル化が推進できます。

- **業務の効率が上がる**

　個人でマルチな業務ができるようになり業務の効率化が進みます。

# 社員教育でよく出る意見と回答例

　日々の業務に追われて、社員教育ができていないという会社もあるでしょう。また、OJTで十分だと考えている場合もあるかもしれません。社員の成長は重要な課題だという認識を広めていくことが大切です。

**【意見1】自分のやりたい業務から覚えてもらいたい**

　「うちの部では、やりたい仕事を自分で選択して、その仕事を覚えていくようにしています」

**【回答1】**

　「やりたい仕事から覚えていくのでは計画性がありません。まずは、所属を決めて、そこで覚えるべき業務を棚卸ししてください。そして、自分のスキルがどの程度なのかを把握して、足りない部分を習得しましょう」

**【意見2】仕事は見て覚えるから教育は不要**

　「熟練者の仕事をそばで見ていれば習得できるので、教育は必要ありません」

**【回答2】**

　「もちろん、見て覚えるのは必要ですが、指導することも大切です。指導テーマと指導者を決めて、教育しましょう」

**【意見3】複数の業務ができなくても良い**

　「当社は社員が多いので、マルチスキル化はせず、1つの業務の専門職でかまいません」

**【回答3】**

　「専門職として育てるのも大切ですが、それでは他の社員の業務をカバーできません。マルチスキル化が進めば、全社的に業務が効率化されるので、教育を進めていきましょう」

# 経理部門──予算管理の仕組みを取り入れる

予算管理表をもとに計画と実績を対比して差異対策を練る

## 予算管理の役割

予算管理の仕組みは、月次ベースで、当初の損益予算と実績を比較して、計数に問題があれば改善していくものです。毎月検証し、改善していくことで、経営目標の数字を達成していきます。

## 予算管理の進め方

### ①年度予算の作成

まず、年度単位の目標利益計画を基準に年度予算を作成します。

支店がある場合は、支店単位で予算管理を行ないます。よく、本店と支店を一緒にして管理し、支店からは月次の売上高のみを本社に報告して終わりにしているケースがありますが、これではどこで利益が出ているのか、あるいは損失が出ているのかがわからず、また責任の所在もあいまいになります。こうしたことから、全社レベルの予算管理だけでなく、支店単位の予算管理が必要です。

支店単位の予算管理を行なう場合、本社経費の取り扱いに留意します。基本的には、本社経費は、本社で予算管理をします。本社経費を支店に配分している例を見かけますが、その場合は、配分基準を明確にし、各支店で不公平感が生まれないように注意を払う必要があります。また、本社経費を支店に配分したとしても、その管理責任はあくまでも本社にあることを忘れないでください。

### ②月次予算の作成

基本的には、年度予算を月次単位に割り振っていきます。

ただ、季節変動のある会社は、過去何年かの季節変動の実績を分析し、来期の変動要因を考慮して割り振りをするなどの工夫が必要です。

　予算管理表としては、当月までの累計の計画、実績、差額と月別の計画、実績、差額を作成していくのが一般的です。

### ③月次決算を行なう

　中小企業の場合は、顧問税理士から年に一度決算書が送られてくるのみで、月次の試算表がないところが少なくありません。これでは、年に一度の決算にならないと、儲かったのか損したのかがわからず、その間、何もできないことになります。

　試算表は、計画経営には必須です。試算表がない場合には、この機会に作成してください。また、たとえ試算表があっても、支店単位で作成されていない場合は、伝票の起票段階で支店別に区別するなどの事務手続きの変更をして、支店別に試算表を作るようにします。

### ④差異分析

　計画と実績に差額が生じた場合は、その原因分析をしなければなりません。この部分をおろそかにしていたのでは、予算管理を行なう意味がありません。

　計画と実績に差額が生じた場合は、第1に仕事のやり方に問題がなかったか、第2に決まったことを実行していたか、第3に方針に間違いはなかったかを検証していきます。そして、原因が把握できたら、その対策を早急に実施することです。仕事のやり方が悪かったり、決まったことを実施していなかったり、あるいは方針に間違いがあったりした場合は、責任者を指導し、軌道修正していきます。

　一般的に予算が未達の場合は、取引先や環境のせいにしてしまいがちです。こうした理由で安易に予算を修正してしまうと、当初の利益目標達成は当然不可能となります。

　ただ、天災地変の不測の事態には、予算の下方修正が必要となります。この場合も、極力最小限の修正にとどめるようにします。

（単位：百万円）

| 項　　目 | | 年度予算 | 当月までの累積 | | | ○月 | | | ○月 | | |
|---|---|---|---|---|---|---|---|---|---|---|---|
| | | | 計画 | 実績 | 差額 | 計画 | 実績 | 差額 | 計画 | 実績 | 差額 |
| 1．売上高 | | 12,000 | 1,000 | | | 1,000 | | | 1,000 | | |
| 2．売上原価 | | 8,400 | 700 | | | 700 | | | 700 | | |
| | 材料費 | 3,000 | 250 | | | 250 | | | 250 | | |
| | 労務費 | 3,000 | 250 | | | 250 | | | 250 | | |
| | 外注費 | 1,200 | 100 | | | 100 | | | 100 | | |
| | 経費 | 1,200 | 100 | | | 100 | | | 100 | | |
| 売上総利益 | | 3,600 | 300 | | | 300 | | | 300 | | |
| 3．販売費・一般管理費 | | 2,400 | 200 | | | 200 | | | 200 | | |
| | 人件費 | 1,200 | 100 | | | 100 | | | 100 | | |
| | 賃借料・リース料 | 840 | 70 | | | 70 | | | 70 | | |
| | 旅費・交通費 | 240 | 20 | | | 20 | | | 20 | | |
| | その他経費 | 120 | 10 | | | 10 | | | 10 | | |
| 営業利益 | | 1,200 | 100 | | | 100 | | | 100 | | |
| 4．営業外損益 | | 600 | 50 | | | 50 | | | 50 | | |
| | 支払利息・割引料 | 600 | 50 | | | 50 | | | 50 | | |
| | その他損益 | 0 | 0 | | | 0 | | | 0 | | |
| 経常利益 | | 600 | 50 | | | 50 | | | 50 | | |
| 差異対策 | | | | | | | | | | | |

## ✑ 予算管理を行なうメリット

### • リアルタイムで達成状況がわかる

　予算管理表で毎月状況を確認しておけば、経営計画の達成状況をリアルタイムで把握できます。

・環境変化を素早く把握できる

　予測される環境変化に注意を払うことができ、対策を講じられます。

・責任を明確にできる

　管理者にとっては、何をすれば良いのかが明確になり、業績を測定する基準が明確になるというメリットがあります。一般社員にとっても、目標数値が明確になり、費用を意識した行動がとれるため、予算管理は重要です。

## 予算管理でよく出る意見と回答例

　予算管理は、安定した経営のためには欠かせないものです。「中小企業には必要ない」と考える方もいますが、予算と業績を数値でまとめておけば、全社で共通認識を持つことができ、目標達成しやすくなります。

【意見1】予算管理なんてできない

「毎月の売上の実績管理で十分です。忙しいので、予算を立てて管理していられません」

【回答1】

「実績管理だけだと、結果のみの管理になります。これでは、○円分売れたなどの数字でしかありません。そのため、成り行き管理になってしまいます」

【意見2】予算管理しても意味がない

「毎月予算管理をしても、その通りにはならないので、意味がないと思います」

【回答2】

「確かに予算を計上しても、必ずしも実績は予算通りにはなりません。ですが、予算を目指して努力することにはなります。また、予算と実績が異なれば原因追究をします。それにより、次月以降に問題点の改善に取り組めます」

# 経理部門—資金繰り管理の仕組みを取り入れる

資金繰り管理により、円滑な資金調達をしていく

## 🖊 資金繰り管理の役割

資金繰り管理は、資金繰り表をもとに、当月実績の資金収支管理を行なうとともに、将来の月別の資金収支管理を行なっていくものです。

## 🖊 資金繰り管理のメリット

会社の資金繰り管理が成り行き的な場合、突然資金が足りなくなって取引先の金融機関に駆け込むことになります。こうした突然の資金ショートをなくすためには、資金繰り表を作成し、資金調達がいつ必要なのかを把握することが大切です。また、資金繰り表により、収支バランスが適切かどうかも検討し、問題があれば内容を見直すことができます。

## 🖊 資金繰り表の構成

この資金繰り表は、次のような項目で作成します。

---

- **前月繰越高**……前月の現金の繰越高を記入する
- **収入**……売上現金の回収、受取手形の取立金、前受金、その他収入を記入する
- **支出**……仕入現金支出、支払手形の決済、外注加工費、人件費、諸経費などを記入する
- **財務収支**…①調達……手形割引、借入金
　　　　　　　②返済……借入金の返済
- **翌月繰越高**……翌月の現金の繰越高を記入する

---

## ✒ 資金繰り管理の進め方

　資金繰りは、次ページの表をもとに、次の点を確認していきます。

- 売上の回収と仕入れの支払いはバランスがとれているか
- 現金回収と手形回収の割合に変化はないか
- 人件費、経費などの支払いは妥当であるか
- 月別の差引きに過不足はないか
- 借入金や手形割引の推移に問題はないか

## ✒ 資金繰り管理でよく出る意見と回答例

**【意見1】現金の出し入れをつけているので十分**

「資金繰りは、毎月現金の出し入れの帳簿管理を行なっています。新たに資金繰り表を作成する必要はありません」

**【回答1】**

「帳簿管理だけでは、急に運転資金などが必要になっても、現金を用意できません。資金繰り表があれば、将来どの程度資金が必要になるかを予想できます。実績管理は、『これだけ売れた』などの数字でしかありません。これでは、成り行き管理になってしまいます」

**【意見2】資金繰り表なんて経理が煩雑になる**

「新たに資金繰り表なんてつけるとなると、経理の業務が煩雑になって大変です」

**【回答2】**

「現金管理だけでは資金ショートに対応できません。資金がいつどのような理由で必要になるのかを資金繰り表で把握し、取引金融機関が安心して相談に乗れるように準備しておきましょう」

## ■ 資金繰り表の例

| 科　　目 | | 4月実績 | 5月予定 | 6月予定 | 7月予定 | 8月予定 |
|---|---|---|---|---|---|---|
| 前月繰越高（A） | | 1,000 | 2,880 | 4,760 | 6,640 | 8,520 |
| 収入 | 売上現金回収 | 2,000 | 2,000 | 2,000 | 2,000 | 2,000 |
| | 受取手形取立金 | 100 | 100 | 100 | 100 | 100 |
| | 前受金 | 100 | 100 | 100 | 100 | 100 |
| | 雑収入 | 10 | 10 | 10 | 10 | 10 |
| | その他 | 0 | 0 | 0 | 0 | 0 |
| 計（B） | | 2,210 | 2,210 | 2,210 | 2,210 | 2,210 |
| 支出 | 仕入現金支出 | 100 | 100 | 100 | 100 | 100 |
| | 支払手形決済 | 10 | 10 | 10 | 10 | 10 |
| | 外注加工費 | 10 | 10 | 10 | 10 | 10 |
| | 人件費 | 100 | 100 | 100 | 100 | 100 |
| | 支払利息・割引料 | 10 | 10 | 10 | 10 | 10 |
| | 設備資金支払 | 0 | 0 | 0 | 0 | 0 |
| | 決算関係資金 | 0 | 0 | 0 | 0 | 0 |
| | 計（C） | 230 | 230 | 230 | 230 | 230 |
| 差引過不足（B-C=D） | | 1,980 | 1,980 | 1,980 | 1,980 | 1,980 |
| 財務 | 調達 手形割引 | 0 | 0 | 0 | 0 | 0 |
| | 調達 長期借入金 | 0 | 0 | 0 | 0 | 0 |
| | 調達 短期借入金 | 0 | 0 | 0 | 0 | 0 |
| | 返済 長期借入金 | 100 | 100 | 100 | 100 | 100 |
| | 返済 短期借入金 | 0 | 0 | 0 | 0 | 0 |
| | 差引額（E） | △100 | △100 | △100 | △100 | △100 |
| 翌月繰越高（A+D+E） | | 2,880 | 4,760 | 6,640 | 8,520 | 10,400 |

第5章

経営計画を確実に実行するための仕組み作り

# 第5章　まとめ

　ここでは、主要施策として、代表的な経営計画を実行するための仕組みとして10の仕組みを紹介しました。

　具体的には、５Ｓ、改善提案制度、営業日報、顧客台帳、作業手順書、外注管理、人事考課、社員教育、予算管理、資金繰り管理となります。

　まず、全社に共通するのは、５Ｓ、改善提案です。

　これは、会社の基盤となるものです。５Ｓは、整理、整頓、清掃、清潔、躾という項目で、仕事の基礎作りとなります。また、改善提案制度は、仕事を工夫し、効率的にしていく源になります。

　営業部門では、営業日報、顧客台帳です。

　営業担当者にとって、成果を上げるために必要な顧客情報であり、また、どのようにお客様に対応していくべきかを知る資料となります。

　製造・建設部門では、作業手順書、外注管理です。

　作業手順書は、業務の効率化に欠かせないものであり、さらには、社員育成の特効薬となります。外注管理については、外部委託先がある場合、自社にとっては第２の製造工場、あるいは作業場となります。きちんとした外注管理を行なっていくことで、必要な利益を確保する源となります。

　総務部門では、人事考課、社員教育です。

　人事考課は、まさに社員の仕事をきちんと評価するシステムであり、やる気の源泉となります。また、社員教育は、社員の能力開発をするもので、会社の業績の土台になります。

　経理部門では、予算管理、資金繰り管理です。

　予算管理により、正常かつ順調に計数が進んでいるかどうかを検証します。一方、資金繰り管理により、資金ショートなどを未然に防いでいきます。

# 第 6 章

## 行動計画は
## 「PDCA」「KPI」「KFS」
## で管理する

# PDCA方式の
# 行動計画管理表で管理する

行動計画をPDCAで管理することで、確実に計画達成に近づける

## ✎ A4用紙1枚の経営計画で表されない部分

A4用紙1枚の経営計画では、行動計画について「いつからいつまで実施するか」を「計画」欄に線を引き、「いつからいつまでかかったか」を「実績」欄に線を引いて示します。そして、行動計画を実施した結果については、年度ベースで「成果と反省」欄に記載していきます。

この方法で記載すれば、行動計画の作成や結果の検証が簡単にできます。しかし、行動計画について計画や実施の期間を線で記載するだけなので、月ベースの計画内容、実施内容、結果を経営計画では見ることができません。また、計画未達などをどのように改善しているのかもわかりません。

## ✎ PDCA方式の行動計画管理表を活用する

したがって、事務管理ができる部門などを持つ会社では、A4用紙1枚の経営計画に加え、「PDCA方式の行動計画管理表」（154ページ参照）を作成し運用してみましょう。

管理部門などがある規模の会社であれば、経営計画の管理もできるため、PDCA方式の行動計画管理表を運用することができます。

PDCAとは、通常「PDCAサイクル」と呼ばれ、Plan（計画）、Do（実行）、Check（検証）、Act（改善）の頭文字を取ったものです。この4つのプロセスをもとに行動計画を管理することにより、計画通りに目標を達成させることができます。

■ PDCA方式の行動計画管理表の内容

> ① Plan（計画）
>   実施施策を実行するための計画を作成する
> ② Do（実行）
>   立てた計画を実行に移す
> ③ Check（検証）
>   実行した内容が計画通りできたかどうかを検証する
> ④ Act（改善）
>   検証結果を受け、どのように改善を行なっていくべきかを検討する

## ✏ PDCA方式の行動計画管理表の目的と目標を知る

### ・目的を認識する

すべては経営ビジョンを達成するために行なっていると、担当者全員が認識し、PDCAをしっかり展開することが最終的には経営ビジョンの達成につながっていきます。

### ・目標を認識する

目的を理解したら、今、取り組むべき経営目標は何なのかを確認しましょう。この経営目標の達成のために、主要施策を設定し、行動計画を実行していきます。そして、この行動計画を達成するために、PDCAを展開していくことになります。

### ・部門目標を個人にまで浸透させる

経営計画の施策は、原則、部門長がリーダーとなって実行していきます。ただし、部門長が自分一人で抱えずに、部下全員にまで施策を落とし込み、それぞれの役割をきちんと決めて進めていきましょう。

■ 行動計画管理表の目的と目標

# 重要業績評価指標（KPI）を用いて行動計画管理表を検証する

KPIを設定することで、行動計画が順調かどうかを見極める

## 🖊 重要業績評価指標（KPI）とは

　KPIは、Key Performance Indictorの略で、重要業績評価指標（以下、「KPI」）のことを言います。これは、目標を達成するための業績評価の指標で、目標に向かって計画が順調に進んでいるかどうかを検証する重要な指標です。

　PDCA方式の行動計画管理表において、KPIに計画の成果がこの達していない場合には、計画した行動に問題があることを意味していますので計画を再検討する必要があります。

## 🖊 KPIの設定方法

### ①担当者を決める

　このKPIの目標数値について誰が責任を持つかを決めます。担当となった者は、常にKPIの目標数値を意識して行動するようにします。原則として、行動計画の担当者がKPIの目標数値の担当者になります。

### ②期限を決める

　設定したKPIの目標数値をいつまでに達成するのか、期限を決めます。例えば、「住宅の契約件数10件を9月までに獲得する」などと定めます。目標数値の達成は、経営計画で設定した施策の達成につながります。

### ③KPIと目標数値を決める

### • 目標達成までのKPIの目標数値

　施策の達成度合いを測るKPIの目標数値を設定します。なお、KPIの目標数値は、原則として定量的に数値設定し、部門の特性などにより計

測のできる数値がない場合に定性的な目標を設定します。また、目標数値は、施策達成につながる数値を設定してください。

• 月次のKPIの目標数値

目標達成までのKPIの目標数値とは別に月次単位でもKPIの目標数値を設定します。これは、経営計画における行動計画の展開は月次単位で行ないますので、KPIの目標数値も月次単位で設定するということです。これにより、きめ細かなプロセス管理ができます。

## ✎ KPIの目標数値の見直し

### ①KPIの目標数値を達成しても施策が達成できない

KPIの目標数値を達成したにもかかわらず、経営計画の施策が達成できない場合は、なぜ施策を達成できないのか原因を探り、KPIの目標数値の見直しを検討します。

### ②1つのKPIの目標数値では対応できない

1つのKPIの目標数値では施策の目標を達成できない場合には、複数のKPIの目標数値を設定します。

ただし、あまり設定数が多いと、KPIの目標数値と施策の関係が不明確になったり、管理が複雑になったりしますので注意しましょう。

## ✎ KPIの目標数値を設定するときの注意点

### ①計測できること

KPIの目標数値は、原則として、計測できるものを設定する必要があります。そうしないと、本当に進捗しているのかが見えなくなります。

### ②担当者が理解し納得していること

KPIの目標数値は、担当者がその意味を理解し、納得していることが大切です。担当者が納得していなければ、進めていくことはできません。

### ③わかりやすい指標と目標数値

誰もがわかる指標と目標数値を設定すると行動がとりやすくなります。わかりにくいと結局、達成したかどうかもはっきりしません。

# 重要成功要因（KFS）を
# 行動計画管理表に組み込む

KFSを入れることで、効果的な行動計画になる

## ✎ 重要成功要因（KFS）とは

　KFSは、Key Factor Successの略で、重要成功要因（以下、「KFS」）のことを言います。したがって、行動計画がKFSをもとに作成されていれば、目標を達成するために相応しい計画であることを指します。

　目標を達成するに相応しい計画でなければ、いくら目標や指標を設定しても、目標を達成することはできません。PDCA方式の行動計画管理表では、行動計画の計画内容がKPIの数値目標を達成するために適したものであるかどうかを検討する必要があります。もし、KPIの数値目標達成するに相応しいものでない場合には、行動計画の計画内容を再検討しなければなりません。

## ✎ KFSの設定方法

### ① KPIの目標数値に対応したものにする

　設定したKPIの目標数値を達成するに相応しいKFSなのかを見極める必要があります。KPIの目標数値に対応していなければ、見直す必要があります。

### ② 行動計画は具体的なものにする

　行動計画が抽象的なものや「努力する」など、あいまいな内容では、実際の行動につながりません。例えば、KPIとして目標成約件数があるとすれば、KFSとして資料の活用、対象地域、対象者、アプローチ方法などを具体的に考えることが大切です。

### ③行動計画の結果は、常に検証し見直すようにする

　例えば、KPIで成約件数を掲げているにもかかわらず、ただ単に訪問すれば良いというように行動計画が設定されていては、成約にはつながりません。このため、訪問結果を検証し、問題点を検証する作業を行なう必要があります。

## 🖋 KFSを見直すとき

### ①KPIの目標数値に届かない

　KFSの通り実行したにもかかわらず、KPIの目標数値が達成できない場合は、行動計画に問題があると考え、その内容を見直します。

### ②行動計画が実行できない

　無理な行動計画を立ててしまうと実行できません。実行できないものであれば、実行可能な行動計画に変更しましょう。

■PDCA方式の行動計画管理表にKPIとKFSを置く

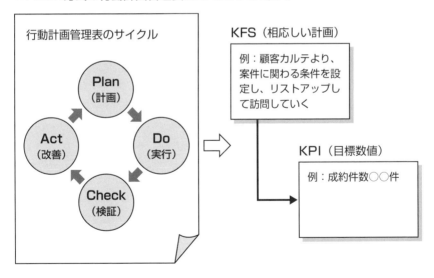

# PDCA方式の
# 行動計画管理表の進め方

行動計画管理表は、4つの段階で管理する

## ✎ PDCA方式の行動計画管理表の進め方

### ▶ Plan（計画）の進め方

①経営計画に基づいた行動計画上の施策を実行するための計画内容なので、施策の内容に即したものを計画として設定します。

②計画は、月次のKPIの目標数値に連動したものである必要があります。

### ▶ Do（実行）の進め方

①計画したことをどれだけ実行できたかが重要になります。いろいろな事情で、途中までしか実行できなかったり、まったく実行できなかったりする場合がありますが、全員で計画通り実行することが重要です。

②本当に計画したことを実行したかどうか、計画とは異なるものを実行しなかったかどうかを確認する必要があります。計画内容と合わないものを実行しても、予定した効果は表れません。

### ▶ Check（検証）の進め方

①計画を実行したことにより、月次のKPIの目標数値を達成したかどうかを検証します。

②計画した内容と実行した内容に差異があったかどうかを検証します。

### ▶ Act（改善）の進め方

①計画した内容と実行した内容に差異があったり、計画通り実行したにもかかわらず、KPIの目標数値に届かなかったりする場合があります。

その場合の差異を検討します。

②差異を検討した結果、その原因が判明した場合は、改善策を検討して次月の計画で取り入れます。

## ✒ PDCA方式の行動計画管理表の運用で発生する問題点と対応

### ▶ Plan（計画）における問題点

#### ①KFSとしての計画が書けない

施策を達成するためにどのような行動計画を作成したら良いかわからないので、KFSとしての計画が書けないということがあります。KFSとしての計画が書けなければ、施策は進みません。どのような計画が目標達成につながるか、担当部門は真剣に考える必要があります。

#### ②施策やKPIの目標数値に連動しない

計画内容が施策やKPIの目標数値に連動していなければ、当然結果は出ません。ピント外れな計画にならないよう、注意が必要です。

#### ③レベルが低すぎる計画

施策やKPIの目標数値の内容に連動しているものの、その計画を実行しても施策やKPIの目標数値を達成できないような内容では、意味がありません。

#### ④レベルが高すぎる計画

施策やKPIの目標数値に連動しているものの、到底実行できない行動計画を作成している場合があります。これでは絵に描いた餅になってしまいますので、自社のレベルにあった計画を作成していきましょう。

### ▶ Do（実行）における問題点

#### ①実行内容を書いていない

計画に対して、ただ「実行した」としか書かれていないことがあります。これでは、どのように実行したかがわからず、結果に問題があっても検証できません。具体的に実行した内容を書いていくことが大切です。

②計画を実行していない

　日々の業務が中心になってしまい、計画したことを実行していない場合があります。日々の業務はもちろん大事ですが、計画したことを実行しなければ、経営計画は進みません。計画したことは必ず実行するという強い意志が必要となります。

③計画外の実行

　施策には関係していても、当初の計画とは違うことを担当者の判断で実施してしまう場合があります。これではKPIの目標数値を達成することはできません。計画したことはその通り実行していきましょう。


## ▶Check（検証）における問題点

### ①検証内容を書いていない

　計画を実行しなかった場合に、検証内容が書かれていないということが起こるケースがあります。これでは、会社の姿勢が問われます。まず、計画は必ず実行しましょう。

### ②予定外の結果であることを検証していない

　計画したことを実行したものの、まったく予定外の結果になる場合があります。このような場合でも、計画に問題があるのか実行方法に問題があるのかどうか、必ず検証しましょう。

### ③外部環境の変化による影響を検証していない

　計画通り実施しても結果が出ない場合に、外部環境の変化が影響していることがあります。計画立案時と比べて外部環境が変化しているかどうかは、常に気を配る必要があります。


## ▶Act（改善）における問題点

### ①改善策を書いていない

　計画と実行に差異が出ていたり、KPIの目標数値を下回っていたりしても、改善策を書いていないことがあります。差異が出るということは、問題があるということです。問題を検証して、改善策を策定していきま

しょう。

**②改善策が浮かばない**

　改善策は、簡単には生まれません。部門の中での会議などを通じて話し合い、しっかり考えてみましょう。

**③外部環境が変化している**

　改善策を実施するのに際し、外部環境が変化している場合があります。外部環境に対応した改善策を策定しましょう。

■PDCA方式のチェックリスト

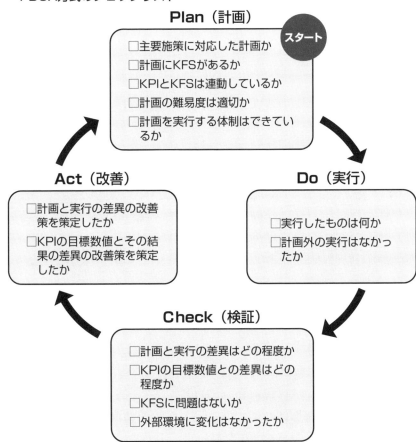

# PDCA方式の行動計画管理表の具体例

事例で、PDCAの進捗管理の書き方を学ぶ

## 具体例からポイントをつかむ

PDCA方式の行動計画管理表を実際に活用しているX社の事例をもとに、どのように記載すればわかりやすく、効果的になるのかを確認していきましょう。

### 〈X社の会社概要〉

事例として紹介するX社は、現在、県内で一般住宅の建築とリフォームを主に行なっています。経営ビジョンとして、「創業100年の老舗の高い技術と信頼の地域ナンバーワン企業」を掲げており、経営目標は、「3年後の売上高5億円、工事利益率25％」です。

これを踏まえ、営業部の施策では新規民間住宅の受注拡大、工事部の施策では住宅工事の利益率向上を打ち出しています。

この施策に基づいて、次ページ及び157ページの行動計画管理表のように展開した営業部と工事部の行動計画について検証していきましょう。

### 〈営業部の行動計画のポイント〉

・責任者　Ⓐ

責任者が明確になっています。これは大切なことです。責任者がはっきりしないと、この計画は進みません。

・期限　Ⓑ

施策の完了期限が明確になっています。この期限内に成果を上げなければならないという意識になります。

## ■行動計画管理表の「良い例」

### (1) 営業部

| 責任者 Ⓐ | ○○○○ | 期限 Ⓑ ○年○月○日 | 指標・目標(注) Ⓒ | 成約件数 年間12件 |
|---|---|---|---|---|
| 項目 日程 | 4月 | | 5月 | |
| 指標・目標(注) Ⓓ | 成約件数 月1件 | | 成約件数 月1件 | |

| | | | |
|---|---|---|---|
| 新規民間住宅の受注拡大 | 計画 Ⓔ | ①過去に受注した顧客カルテより、新規アプローチ先をリストアップする。<br>②新規先を1日5件訪問する。<br>③継続交渉先を1日3件訪問する。<br>④営業推進管理表を作成して、営業の訪問結果を記載し成約に向けて管理する。 | ①新規先を1日5件訪問する。<br>②継続交渉先を1日3件訪問する。<br>③営業の訪問結果を営業推進管理表に記載し、成約に向けての戦略を作成する。<br>④現場見学会で見込み客の獲得を行なう。 |
| | 実行 Ⓕ | ①新規アプローチ先をリストアップした。<br>②新規先を1日5件訪問した。<br>③継続交渉先を1日3件訪問した。<br>④営業推進管理表に訪問結果を記載した。 | |
| | 目標<br>結果 | 1件成約し目標数値をクリアした。 | |
| | 検証 Ⓖ | ①予定通り新規アプローチ先のリストアップを完了した。<br>②新規先、継続先を予定通り訪問した。なお、継続交渉先のうち1件が成約した。<br>③継続交渉先は、成約シナリオ通り進んでいる。 | |
| | 改善 Ⓗ | ①営業推進管理表をもとに、新規先は既存リストアップ表で活動する。<br>②営業推進管理表をもとに、継続交渉先で受注予定先のクロージングをする。<br>③現場見学会で新規先の開拓を行なう。 | |

(注) 指標:重要業績評価指標の略称表示、目標:目標数値の略称表示

- **KPIの目標数値** Ⓒ

KPIの目標数値は、「成約件数年間12件」となっており、わかりやすい計数です。この計数により管理ができます。

- **月別KPIの目標数値** Ⓓ

毎月のKPIの目標数値は、「成約件数月1件」と明確です。これにより、目標数値をクリアできたかどうかを検証することができます。

- **P（計画）の段階** Ⓔ

計画段階ですが、KFSとして成約件数を上げるための計画作りができています。具体的には、顧客アプローチ方法や営業管理方法などが戦略として書かれています。

PDCAの中で一番重要なP（計画）をいかに立案するかで勝負は決まってしまいます。しっかりとした仕組みができていなくても目標があるからと言って精神論で「頑張る」「努力する」では何も変わりません。

- **D（実行）の段階** Ⓕ

計画された行動内容がどのように実行されたのかが記載されています。

- **C（検証）の段階** Ⓖ

KPIの目標数値に対応した結果が出ています。また、計画した行動もきちんと実行されています。

- **A（改善）の段階** Ⓗ

今回は、予定通り結果が出ましたので、大きな改善はありませんでした。しかし、目標通りの結果が出ても、目標が甘くなかったか、外部環境の影響があったかどうかは検証しておきましょう。


〈工事部の行動計画のポイント〉

- **責任者** Ⓘ

この施策の責任者が決まっていません。施策ごとに責任者を決定しなければ施策を進めることはできません。

- **期限** Ⓙ

期限が設定されていません。期限は、必ず設定し、いつまでに達成す

■行動計画管理表の「悪い例」

## （2）工事部

| 責　任　者 | なし **I** | 期限 | なし **J** | 指標・目標(注) | 1 工事利益率向上 **K** |
|---|---|---|---|---|---|
| 項目　日程 **L** | | 4月 | | 5月 | |
| 指標・目標(注) | | 1 工事利益率　向上 | | 1 工事利益率　向上 | |

| | | 4月 | 5月 |
|---|---|---|---|
| 住宅工事の利益率拡大 | 計　画 **M** | 受注した工事について、工事利益率を向上させる。 | 受注した工事について、工事利益率を向上させる。 |
| | 実　行 **N** | 受注した工事について、工事利益率が向上するように努力した。 | |
| | 目　標／結　果 | 工事利益率は向上しなかった。 | |
| | 検　証 **O** | 受注した工事について、工事利益率を向上させることができなかった。 | |
| | 改　善 **P** | 工事利益率を向上させるように努力する。 | |

（注）指標：重要業績評価指標の略称表示、目標：目標数値の略称表示

るのかを明確にしましょう。

・KPIの目標数値　Ⓚ

　責任者のKPIが、「1工事利益率向上」となっていて、具体的な目標数値が設定されていません。このままでは、どこまで工事利益率を向上させれば良いのかがわかりません。

　KPIの基本は、数値です。数値で示すことにより、施策の進捗状況のプロセス管理ができます。

・月別KPIの目標数値　Ⓛ

　上記と同様に月別のKPIも「1工事利益率向上」となっています。これでは、月単位で工事利益率をどこまで向上させたいのかがわかりません。具体的な目標数値を設定しましょう。

・P（計画）の段階　Ⓜ

　計画段階ではありますが、「工事利益率を向上させる」ということしか書いてありません。計画とは、目標を達成するために、KFSとして具体的に何をするのかが重要です。内容のない計画は計画とは言えません。そして、計画段階から、目標達成のために綿密な活動方法を考えなければ、結果は出ません。計画段階は、PDCAサイクルの一番の要です。ここを十分理解しましょう。

・D（実行）の段階　Ⓝ

　「工事利益率が向上するように努力した」という記載しかありません。計画段階で具体的な工事利益率を上げるための施策がないため、実行段階では工事に対する姿勢しか書かれていません。計画段階できちんとした計画がなければ実行段階では行動内容を書くことができません。計画段階がいかに大切かがわかります。

・C（検証）の段階　Ⓞ

　月次KPIの目標数値の結果については、目標が計数化されていないため、向上したかしなかったかという記載になっています。また、「工事利益率を向上させる」という計画に対して、実行は「工事利益率が向上させるように努力した」との記載だけになっており、KFSの内容がわ

からないため、検証結果も書くことができません。

・A（改善）の段階・ⓟ

　改善策としては、努力するという精神論で終わっていて、KFSに応じた改善策になっていません。計画内容や月別KPIの目標数値があいまいなものなので、PDCAが機能しなくなっています。改善策を出したくても、何が問題なのかつかめないので出せません。

## 第6章　まとめ

　第6章では、行動計画の管理について説明しました。

　行動計画は、単に掲げただけでは進みません。計画したことは、きちんと実行することが大事です。もし、計画したことで、実行できないことがあれば、その内容を検証し、次月には問題解決の上、実行していかなければなりません。

　こうしたことを実施していく上で、PDCAが有効となります。

　ここでは、単純なPDCAに加えて、KPIを取り入れています。これは、目標に向かって順調に進んでいるかどうかを検証する指標です。これがあることにより、この指標通りなのかどうかを月次でチェックできます。

　一方、KFSとして目標が問題なく達成するために相応しい行動を計画していきます。指標を追っても、その計画に問題があれば、目標数値に到達することはできません。このため、計画に記載する場合に、KFSを十分に検討して計画を立てます。

　そして、経営目標の数値としてKGIを達成していきます。

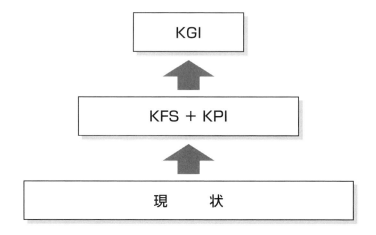

第 **7** 章

# 行動計画を
# 個人目標に落とし込む

# 7-1

## 部門行動計画に基づいた個人目標を作る

個人目標の設定により、経営目標を全員で目指していく

### ✎ 個人目標の作成と管理

　個人目標を作成する際、まずは上司が部下に対して、会社全体の経営計画の方針に基づいた部門行動計画を説明します。それに沿って、部下は半年ごとの目標（案）を作成し、上司とすりあわせて目標を設定します。

　目標が設定できたら、それを達成するために行動した結果を毎月記録しましょう。上司は、それを確認し、毎月及び半期終了時に、面接を行なってアドバイスしていくという形で管理します。

### ✎ 個人目標を管理する目的

　個人目標を管理する目的としては、次の3点があります。

#### ①経営計画の個人への展開

　経営計画を推進していくのは、最終的には個人です。経営計画は、会社の経営目標、部門行動計画、個人目標へとリンクしていくからです。個人にやる気を持って行動してもらうためにも、押しつけの目標ではなく、部門の目標に対して、個人が自ら目標設定して自主管理してもらうのが効果的です。

#### ②人事考課への利用

　社員一人ひとりの業績や能力の向上度合いを個人目標管理により的確に把握し、それを公平に評価することにより、賞与等の査定や人事の処

遇に反映させることができます。

### ③社員の能力開発

　自らが主体的に目標を設定し、目標管理を進めていくことは、個人の主体的な能力開発につながります。また、目標についての部門長との進捗を確認する面談における部門長の指導及び助言に基づいて人材育成を行なうことができます。

### ■個人目標管理の流れ

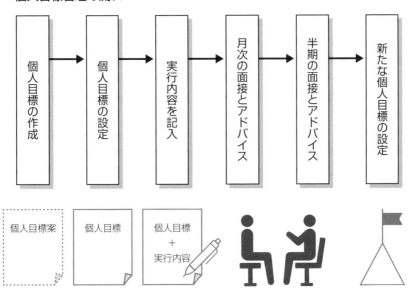

# 7-2

# 個人目標管理表で
# 個人目標の達成を目指す

設定した個人目標を実現させるために行なうべきこと

## 🖋 個人目標を達成させるための具体的な方法

### ①準備

- 「個人目標管理表」の制定

　各社員が個人目標を実施するために、別紙（167ページ参照）の「個人目標管理表」（以下、「管理表」）を使用します。

- 指導対象者の決定
- 指導期間の決定（上期：○月○日～○月○日、下期：○月○日～○月○日）
- 指導者の決定

### ②個人目標の設定の基本

- 個人目標の設定からアドバイス、そして新たな目標の設定に至る過程において、指導対象者（以下、「部下」）と指導者（以下、「上司」）は十分な話し合いを持つことを基本とします。
- 個人目標の設定については、自己申告をベースとするので、部下が「自分が何を目標にすべきか」という点を十分に認識した上で行ないます。

### ③個人目標（案）の作成

- 個人目標は部門行動計画に沿ったものとするため、あらかじめ上司は部下に対して、部門行動計画の説明を行ない、上司が部下に対して何を期待し、要求しているかを明らかにします。
- 上司は部下に対して、部門行動計画に基づいて、何をもって個人目標

とすべきなのかを十分に考えさせ、その上で自己申告させます。

## ④個人目標の決定

- 部下は、上司と個人目標の内容について十分な話し合いを行ない、個人目標を正式に決定します。また、個人目標の達成を目指すにあたっての実行期間を管理表で明確にし、併せて目標達成の時間管理を徹底します。
- 個人目標は次の点に十分留意して、適時適切なものを設定します。
  A．部門行動計画にリンクしたもので、できるだけ貢献度が明確になるものを原則として設定する
  B．原則として担当職務内容に応じたものとする。ただし、現在の職務内容以上の目標についても、チャレンジ目標として積極的に設定することを望む
  C．達成度が明確に把握できるよう、できるだけ定量的なものとする
- 一旦決定した個人目標については、相当な環境変化等の理由がない限り、期中において目標数字等の変更を行なわないことを原則とします。

## ⑤スケジュール

個人目標を達成するために毎月何を行なったかを、その月の実行欄に記入します。

## ⑥月次の面接の実施

上司は1か月が経過した時点で面接を実施し、目標の進捗状況をチェックします。その際、部下と上司の話し合いの上、新たな個人目標を追加する必要がある場合には、新たに個人目標を追加します。

## ⑦部門長アドバイスの作成

- 月次アドバイス

上司は、個人目標について、月次で実行した内容を精査して、適宜ア

ドバイスを個人目標管理表に記入します。

• 半期アドバイス

　上司は、個人目標について、半期で実行した内容を精査して、総括の
アドバイスを個人目標管理表に記入します。

■個人目標管理表のフォーマット

年　月　日

| 氏　名 | | 部門長 | |
|---|---|---|---|

## 個人目標管理表（半期）

| 経営目標 | |
|---|---|
| 部門行動計画 | |
| 個人目標 | |

### 個人目標を達成するために実行すること

| 実行月 | 個人目標を達成するために実行したことを具体的に記入する | 達成度 | 部門長アドバイス |
|---|---|---|---|
| 年　月 | | | |
| 年　月 | | | |
| 年　月 | | | |
| 年　月 | | | |
| 年　月 | | | |
| 年　月 | | | |
| 目標達成結果（半期終了後） | | | |

（注）達成度は、当初の個人目標に対して何パーセントの達成度合いとなったかを記入する。

## 第7章 まとめ

　経営計画の施策は、部門単位に設定し、それを行動計画として、部門単位で展開をします。その後については、部門長が責任を持って部門内で推進していきますが、さらに、会社の行動計画について、個人レベルの目標に落とし込んでいきます。

　具体的には、個人目標管理表により、経営計画の部門の行動計画に基づき、個人が上司と相談の上、目標と役割を設定し進めていくことになります。

　毎月、個人目標に基づき、実行した内容を記入し、担当の上司に確認してもらい、アドバイスを受けていきます。そして、6か月後に最終成果を個人目標管理表に記入します。その結果をもとに、担当上司はアドバイスし、また次月以降も同様に継続していきます。

　こうしたことにより、経営計画が社員全員に浸透するとともに、経営計画の主要施策を確実に実行できるようになります。

　この個人目標管理表は、人事考課にも利用します。個人の努力の結果を個人目標管理表をもとに評価していきましょう。

　また、社員の能力開発にも利用します。さらに個人目標管理で行なう中で必要な能力も磨いていくことができます。

# 経営計画は
# 進捗管理が重要

# 進捗管理で経営計画の進み具合を検証する

経営計画が予定通り進んでいるかどうかをチェックしながら進めていく

## 経営計画の達成に欠かせない進捗管理

経営計画を作成することにより、目指す経営のゴールが明らかになり、計画に従って邁進することができます。しかし、ただ漫然と経営計画を実行していくだけでは、行動計画の中で遅れが出てきたり、障害が発生して行動計画がストップしてしまったりする場合が生じます。

これを解消するために、経営計画の進捗管理を行ないます。経営計画が予定通り進んでいるかを、この進捗管理で常時検証していきます。

## 進捗管理の役割①：経営計画の推進を後押しする

経営計画を一生懸命に作成しても、作成したことに満足してしまい、机の中にしまっているケースがあります。せっかく経営計画を作成したのだから実行していかなくては意味がありません。進捗会議で社長自身が先頭に立って経営計画の推進を促します。

## 進捗管理の役割②：問題解決の場とする

経営計画を推進する上で行動計画が進まなかったり、問題が発生したりした場合に、進捗会議の場でその原因を追究し、解決策を検討していきます。また、外部要因などにより、行動計画を取りやめる場合も、この進捗会議の場で判断していきます。

## 進捗管理の役割③：計画と実績の差異を検証する

・計画と実績の差異の検証

目標利益計画通りに推移しているかどうかを進捗会議でチェックします。実績が計画を下回っている場合は対策を検討し、改善策を考えます。

**・行動計画の進捗の検証**

行動計画は、毎月計画したことを実行、検証、改善というPDCAのサイクルで回しています。進捗会議で、このPDCAのサイクルがきちんと回っているかを見ていきます。

具体的には、計画したことに対して、何を実行したかを確認します。次に、計画したことと実行したことに差があるのかどうかを検証します。もし、計画通りに実行できなかった場合は、できなかった部分について改善策を検討して、次月以降に実行するようにしていきます。

## ✐ 進捗管理の役割④：経営計画を修正する

外部環境や内部環境が著しく変化して、当初作成した経営計画が現状に合わなくなる場合があります。現状に合わないまま経営計画を進めても経営目標の達成はできませんので、この進捗会議で経営計画の修正を検討していきます。

## ✐ 進捗管理の役割⑤：コミュニケーションを図る

経営計画は、各部門が協力して推進していくものです。進捗会議を通じて、部門間のコミュニケーションを図り協力体制を構築していきます。そして、全体施策や部門施策に問題が発生した場合は、進捗会議で意見を交換して、改善策を検討・実施していきます。

■**進捗管理が経営ビジョン達成への道**

経営計画 → 経営計画を実行・管理 → ビジョン達成

# 進捗会議への出席者の人選と
# 参加姿勢が成功のカギ

欠席者が出ないのが、会議の正しい在り方。欠席者が出ないような設定が重要になる

## 経営内容が良い会社ほど会議に出席している

経営計画の会議を開催していると、中小企業の場合に会議が停滞したり、会議自体が成り立たなかったりするケースがよくあります。こうしたことは、いくつかの要因で起こります。

その大きな要因は、人選にあります。通常は、経営者と役員と部門責任者が中心になり、経営計画の進捗会議を行ないます。例えば、建設会社では、建築部門の出席者が会議を欠席することがしばしば発生します。一番多い理由が、「工事管理日にあたってしまい出席できない」というものです。このような業務に関する理由だと、経営者も部門長の欠席を認めてしまいがちです。

建設会社において、建築部門は経営計画の主要な部分を占めている場合が多いので、その部門長が毎回欠席しては、経営計画の進捗状況を確認できなくなります。

そもそも、経営計画の進捗会議は、月1回程度しか実施しない場合が多い上に、事前に会議日を設定しているとすれば、欠席すること自体、経営計画で会社を発展させていくという意識が乏しいと言わざるを得ません。そのため、改善すべき問題があるにもかかわらず放置しているとなると、経営計画は停滞したり、止まったりしてしまいます。

こうした事態を避けるために、まず人選をしっかり行なう必要があります。人選の条件としては、第1に各部門の責任者に相当する者であること、第2に会議で前向きに発言する人であること、第3に万一本人が出席できない場合には、代行者を立てられることがあげられます。

私は建設会社を訪問して、定期的に経営者と部門責任者を交えて経営会議を開催する機会がありますが、いろいろな理由で部門責任者が欠席するのは珍しいことではありません。ただ、こうした会議を通じて、わかったことがあります。

「経営内容が良い会社ほど、決められた会議には、きちんと全員出席している」ということです。

　出席するから会社の業況が良くなるのではなく、こうした会議1つでもしっかり約束事を守る会社は、規律もしっかりしているし、その姿勢は仕事に表れるということです。

■成果につながるための進捗会議出席者の心構え

> ・出席者全員が"やらされ感"がない雰囲気を持っていること
> ・常に問題意識を持って会議に参加していること
> ・会議を欠席しないこと
> ・将来、会議を欠席する可能性がある場合は、会議の内容を理解しており、かつ部の代表として会議で進捗状況を発表できる代行者を事前に養成しておくこと
> ・会議では、自分が会社の幹部であることを認識した発言と態度をとること

## 🖊 中間管理職による第二の進捗会議の開催

　経営計画の進捗会議を、経営層と部門責任者で行なっていると、中間層まで伝わらないことがあります。そこで、中間管理職による第二の経営計画の進捗会議の開催もお勧めしています。

　この会議は、経営計画の部門の行動計画に従って、中間管理職がやるべき行動計画を別途作成して第二の経営計画の進捗会議で進めてもらいます。出席者は、社長あるいは社長に準ずる者と部門の次席者をメンバーとします。進捗会議のメンバーの人選は、経営計画の成否に影響します。

# 進捗会議は単なる実績の
# 報告会ではない

経営計画の進捗会議は、実績を把握するだけでなく、問題点と改善策を
話し合う

## 進捗会議の出席者と開催時期

進捗会議には、経営者（役員全員）、部門長、その他必要に応じて施策の責任者が出席するようにします。開催日は、毎月同じ時期に設定すると良いでしょう。「月初めの所定日」としている会社が多いようです。

## 進捗会議のチェックポイント

進捗会議では、以下の事項について検討します。計画段階の目標数値と実績数値の差異を単に報告するだけでなく、見つかった問題について全員で検討し、解決するための施策を打ち出します。

### ▶外部環境と内部環境について

経営者は、自社を取り巻く外部環境と内部環境の状況について説明します。経営計画作成時と状況が異なっている場合は分析し、経営計画の修正を図ります。

### ▶前月までの実績を報告

担当部門は、月次の目標利益計画の実績と月次の予算管理表の実績について報告します。併せて、予算管理表をもとに、予算と実績の差異対策についても報告します。

### ▶行動計画の実績報告

行動計画では、計画通りの結果が出ているかどうかに注目します。各部門長は、主要施策に基づいた月次の行動計画の実績と月次の行動計画管理表の計画、実行、検証、改善の状況について報告をします。また、計画と実行の差異が改善策で有効に機能しているかどうかも、この会議

で検証します。

### ▶目標利益計画と行動計画の実績評価と指導

　経営者は、目標利益計画と行動計画の実績を評価します。また、目標利益計画の内容については予算管理表をもとに、行動計画の内容については行動計画管理表をもとに、それぞれ今後の方向性を指導します。

### ▶問題点の提起

　各部門長は、経営計画を推進している上での問題点を報告します。そして、その問題点を出席者全員で検討し、改善案を出していきます。

### ▶経営計画の総括

　年度終了月には、目標利益計画、月別行動計画、年度の総括の「成果と反省」の記入欄を確認します。単なる結果報告となってしまい、成果や反省点が明確にされていないときは、成果を明示するとともに、問題となった点などを記載します。

### ▶次年度の年度経営計画を作成

　年度終了月に、次年度の経営計画を検討します。

### ■次年度の経営計画の作成の流れ

- 目標利益計画に基づき月別目標利益計画を作成する
- 主要施策に基づき月別行動計画を作成する
- 予算管理表、行動計画管理表を作成する

### ■進捗会議は進捗管理だけが目的ではない

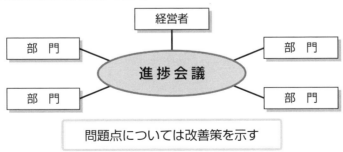

## 8-4

# 進捗会議のポイント

経営計画の進捗会議ではチェックポイントをはずさないようにする

### 📝 進捗会議で必ず確認すべきポイント

　進捗会議では、経営計画を達成するために問題なく実行できているかどうかを確認しなければなりません。次の点について何か問題があるときは、修正し、経営計画の推進が滞りなく行なえるようにしましょう。

#### ▶環境に問題はないか

　外部環境や内部環境が大きく変化し、当初経営計画を作成したときの状況と異なっているにもかかわらず、当初の経営計画をそのまま続けていないか

#### ▶目標利益計画に問題はないか

- 月別の目標利益計画の実績が1か月以上遅れて記載されていないか
- 予算管理表の差異対策が記載されているか

#### ▶行動計画の内容に問題はないか

- 行動計画の責任者がすべて部門長の名前になっていたり、実際の責任者と異なっていたりしないか
- 行動計画は、具体的な行動内容の計画についての計画線表を作っていても、何も実施せず延期となったままになっていないか
- 行動計画管理表で、計画と実行しか記載せず、検証、改善を省略していないか

#### ▶前年度の結果を考慮した経営計画に問題はないか

　前年度の経営計画の結果を考慮して作成した経営計画に従って問題なく実施できているか

### ▶成果と反省に問題はないか

　目標利益計画、月別行動計画、年度の総括において、「成果と反省」の記載欄があるが、単なる結果報告ではなく、成果や反省点が明確になっているか

### ▶経営者に問題はないか

　経営者は、経営計画の作成時のみならず、進捗管理についても部門長に任せっきりにせずに関与しているか

### ▶部門長に問題はないか

　経営計画に従って自部門で実施しなければならない主要施策があるにもかかわらず、部門長の判断で別の施策を実施していないか

### ▶進捗会議の進め方に問題はないか

　進捗会議が前月までの行動計画の進捗状況の単なる発表の場になってしまい、行動計画の結果に問題があっても、誰も指摘しないということはないか

■ **進捗会議で経営計画をチェック**

# 経営計画の年度の総括で
# 成果を共有する

年度の総括で重要なのは未達の目標への対応をどのように行なうか

## 🖊 目標利益計画・行動計画の成果と反省

　目標利益計画の年度総括については、売上高、売上原価、売上総利益、一般管理費等、営業利益の実績を計画と比較して、どういう点が良かったかを「成果」として記載します。また、来年度は、どういう点を見直していったら良いかを「反省」として記載します。

　また、行動計画の内容が予定通り完了したのかどうかを確認し、もし完了していなければ、次年度以降の対策を記載します。

## 🖊 年度の総括（成果と反省）

　経営計画全体について、その成果と反省を記載していきます。具体的には、「経営目標に対して、どの程度まで達成できたか」「目標利益計画はどうであったのか」「年間の主要施策は達成できたのか」などです。

　その年度に達成できなかったものがあった場合は、その原因を調査し、次年度以降、どのように対処していくかを記載していきます。

## 🖊 総括報告書の書き方

　年度の経営計画の総括として、別途「総括報告書」を作成します。該当年度の目標利益計画の結果を記載するとともに、年度の経営計画全体の実績評価、各部門別の実績評価を行ないます。

　また、3年間の経営計画が終了した場合も、実績評価を行ない、経営目標が達成できたのかをしっかり検証します。もし、達成できていないとすれば、どこに問題があったのかを検証していきます。

## ■経営計画の総括報告書の例

○年○月○日

### 経営計画　○年度総括報告書

○○株式会社

| 経営目標 | 売上高10億円、売上高経常利益率5％ |
|---|---|
| 経営方針 | 多能工化の推進、設備の更新、設備資金の調達 |

（単位：千円）

| 項　　目 | 計　画 | 実　績 | 差　額 |
|---|---|---|---|
| 売上高 | 800,000 | 750,000 | 50,000 |
| 売上原価 | 640,000 | 600,000 | 40,000 |
| 売上総利益 | 160,000 | 150,000 | 10,000 |
| 一般管理費等 | 80,000 | 75,000 | 5,000 |
| 営業利益 | 80,000 | 75,000 | 5,000 |
| 営業外損益（支払利息等） | 40,000 | 37,500 | 2,500 |
| 経常利益 | 40,000 | 37,500 | 2,500 |

| 全体の評価 | 業界全体の受注の落ち込みがあり、売上高は目標8億円に対し、7億5千万円と5千万円の未達に終わった。一方、売上高経常利益率は、予定通り確保することができた。 |
|---|---|
| 営業部門の施策の評価 | 昨年度より体制を一新し、積極的に新規顧客開拓を進めるとともに、内製化できる製品の販売強化に努めた。 |
| 製造部門の施策の評価 | 仕入れのコストダウンを進めるとともに、生産性向上のために工程の短縮などを進め、生産コストを削減していった。 |
| 総務部門の施策の評価 | 主要経費にターゲットを設定し経費削減を進めた。また、人材教育の年間計画を策定し、OJT、OFF-JTを実施した。 |

# 8-6

# 計画と実績の差をどうするか

計画と実績の差がある場合は、その内容を十分検討する必要がある

## ✍ 計画を実績が上回っているとき

まずは、計画を実績が上回って推移した場合の対応について説明します。

### ▶年度目標利益計画の計画を上回る実績

主要施策、行動計画、行動計画管理表、主要施策以外の各部門で実施した行動のどこが良かったかを検討します。

また、売上高、売上原価、一般管理費等の科目のどこが良かったかを検討します。

そして、自社の目標がもともと小さかった場合は、次年度の目標を上方修正しましょう。一方、特殊な原因が発生して、高い実績が出た場合は、現状のままの目標とします。

### ▶月別目標利益計画の計画を上回る実績

月の中で主要施策、行動計画、行動計画管理表、主要施策以外の各部門で実施した行動のどこが良かったかを検討します。

また、月の中で売上高、売上原価、一般管理費等の科目のどこが良かったかを検討します。

### ▶主要施策の目標を上回る実績

行動計画の具体的な行動内容や行動計画管理表の計画内容のどこが良かったのかを検討し、主要施策を見直します。

### ▶行動計画の計画を上回る実績

行動計画の具体的な行動内容や行動計画管理表で計画内容のどこが良かったかを検討し、月の行動計画を見直します。

## 🖊 計画を実績が下回っているとき

次に、計画を実績が下回って推移した場合の対応について説明します。

### ▶年度目標利益計画の計画を下回る実績

主要施策、行動計画、行動計画管理表、主要施策以外の各部門で実施した行動に問題がなかったかどうか検討し、改善策を実施します。

また、売上高、売上原価、一般管理費等のどこに問題があるのかを検討し、改善策を実施します。

### ▶月別目標利益計画の計画を下回る実績

月の中で、主要施策、行動計画、行動計画管理表、主要施策以外の各部門で実施した行動に問題がないかどうか検討し、改善策を実施します。

また、売上高、売上原価、一般管理費等の科目のどこに問題があるのか検討し、改善策を実施します。

### ▶主要施策の目標を下回る実績

主要施策に適した行動計画であるかを検討します。行動計画自体が主要施策で求めているレベルを下回ったり、その行動計画を実行しても主要施策の実現につながらないものであれば、見直す必要があります。

### ▶行動計画の計画を下回る実績

行動計画の具体的な行動内容や行動計画管理表の計画内容に問題がないかどうか検討し改善策を実施します。また、行動計画の改善策が有効に機能していない場合は、新たな改善策を検討し、実施します。

# 8-7

# 2年目の経営計画の作成ポイント

前年度の問題の見直しとともに2年目の経営計画を作成し、実行する

　本書の経営計画は、3年間にわたるものです。その2年目に注意した
い経営計画のポイントを解説していきます。

## 前年度から継続するもの

　意義、経営理念、経営ビジョンについては、前年度の内容を継続しま
す。また、経営目標は、前年度の経営計画の実績が経営目標に影響を及
ぼすものがない限り、そのまま継続します。

## 新年度（2年目）に新規作成するもの

### ▶外部環境と内部環境

　本年度の外部環境の機会、脅威を前年度の外部環境をもとに、外部環
境が変化していないかどうか見直して作成していきます。

　また、内部環境の強み、弱みについても、前年度の強み、弱みをもと
に、内部環境が変化していないかどうか見直して作成します。

### ▶経営方針

　人、物、金、情報について、前年度の経営計画の実績をもとに、今年
度の経営方針を作成します。

### ▶目標利益計画

〈年度目標利益計画〉

　原則として、当初計画している数値とします。ただし、前年度の実績
が計画を下回った場合は、残りの年度でどう補っていくかを検討し、目
標利益計画を見直します。一方、前年度の目標利益計画の結果が計画を

上回った場合は、当初計画を上方修正します。

〈月別目標利益計画と予算管理表（作成している場合）〉

　年度の目標利益計画をもとに、月別目標利益計画と予算管理表を作成します。

#### ▶主要施策

　当初計画した主要施策を記載します。ただし、前年度の目標利益計画の実績が計画を下回った場合は、主要施策の見直しをします。一方、前年度の目標利益計画の実績が計画を上回った場合は、当初設定した主要施策を踏襲します。

#### ▶行動計画

〈具体的な行動内容〉

　主要施策を達成するために、具体的行動内容を作成し、月別の計画線表を作成します。

　ただし、前年度の行動内容の実績が計画を下回った場合は、どういう点に問題があったのかを検証し、さらに継続して計画を実施する場合は、行動内容を見直します。一方、前年度の行動内容の実績が計画を上回った場合は、主要施策に対応した新たな行動内容を設定し、推進していきます。

〈行動計画管理表（作成している場合）〉

　具体的な施策をもとに、月別に実施すべき内容を計画します。ただし、前年度の行動計画の実績が計画を下回った場合は、計画でどういう点に問題があったのかを検証し、さらに継続して計画を実施する場合は、計画を見直します。計画の良し悪しが結果につながりますので、前年度の行動計画の内容をしっかり検証しましょう。一方、前年度の行動計画の実績が計画を上回った場合は、前年度の行動計画のどういう点が良かったのかを検証し、今後の行動計画に役立てます。

# 最終年度の経営計画の
# 作成ポイント

最終年度を集大成として3年目の経営計画を作成し、実施する

　最終年度にあたる3年目の経営計画作成の注意点について解説していきます。2年目の作成時の注意点と重なる部分もありますが、計画達成のために大事な最終年度ですので、しっかり確認してください。

## ✎ 前年度から継続するもの

　意義、経営理念、経営ビジョン、経営目標は、前年度を継続します。この4つは基本的なことなので、最終年度では変更しません。

## ✎ 最終年度に作成するもの

### ▶外部環境と内部環境

　2年目と同様に、外部環境の機会、脅威を前年度の外部環境をもとに、もう一度見直して作成していきます。また、内部環境の強み、弱みについても、前年度と変化がないかどうか見直して作成します。

### ▶経営方針

　人、物、金、情報について、前年度の経営計画の実績をもとに、今年度の経営方針を作成します。

### ▶目標利益計画

〈年度目標利益計画〉

　原則として、当初計画している数値とします。ただし、過去2か年の実績が計画を下回った場合は、最終年度でどう補っていくかを検討し、目標利益計画を見直します。最終年度のため、補いきれない数値（計画と実績の差異を加味した数値目標）である場合は、達成可能な数値とし

ます。一方、前年度の目標利益計画の結果が計画を大きく上回った場合
は、当初の計画を上方修正します。

〈月別目標利益計画と予算管理表（作成している場合）〉

　年度の目標利益計画をもとに、月別目標利益計画と予算管理表を作成
します。

### ▶主要施策

　原則として、当初計画している施策を記載します。

　ただし、過去2か年の目標利益計画の実績が計画を下回った場合は、
施策の見直しをします。一方、前年度の目標利益計画の結果が計画を上
回った場合は、当初設定した主要施策を踏襲します。

### ▶行動計画

〈具体的な行動内容〉

　主要施策を達成するために、具体的な行動計画を作成します。また、
月別の計画線表を作成します。

　ただし、前年度の行動内容の実績が計画を下回った場合は、2年目と
同様に、どういう点に問題があったのか検証し、さらに継続して計画を
実施する場合は、行動内容を見直します。一方、前年度の行動内容の実
績が計画を上回った場合は、主要施策に対応した新たな行動内容を設定
し推進していきます。

〈行動計画管理表（作成している場合）〉

　具体的施策をもとに、月別に実施すべき内容を計画します。ただし、
前年度の行動計画の実績が計画を下回った場合は、2年目と同様に、計
画のどういう点に問題があったのかを検証し、さらに継続して計画を実
施する場合は、計画を見直します。一方、前年度の行動計画の実績が計
画を上回った場合は、前年度の行動計画の良かった点を検証し、今後の
行動計画に役立てます。

## 第8章　まとめ

　経営計画は、作成して終わりではありません。にもかかわらず、作成した途端に机の中にしまってしまう社長も実際にいます。

　また、自社の経営計画の作成を外部のコンサルタントに、すべて任せてしまう会社もありました。

　それで良いのでしょうか。コンサルタントにアドバイスをもらうのは良いと思いますが、自分の会社のことなのですから、経営計画の作成は本来、自分の会社で行なうべきでしょう。

　素晴らしいものを作る必要はありません。会社として将来実施していくことを書いていけば良いのです。

　さて、経営計画の作成後ですが、経営計画を設定した期間は、それを実行していくことになります。そして、あとは現場任せというのではなく、経営計画が実際に予定通りに進んでいるのか、問題は発生していないかどうかを経営サイドで毎月検証していくことが必要です。そのために、経営計画委員会のような組織を設立して、各部門の代表者から、経営計画の進捗状況を発表してもらいます。

　なお、経営計画委員会は、単なる報告の場ではありません。むしろ、問題となっていることをあげてもらい、その対策を講じることがメインとなります。そのため、進捗内容に問題があれば、その対応方法について、協議して対策を立てて、それを今後実行していきます。

　こうしたことを続けていれば、経営計画の中の経営目標を達成でき、最終的には、経営ビジョンに到達することができるのです。

# 経営計画の
# 浸透・定着を図る

# 経営計画を "見える化" して 全社員の理解を得る

経営計画の中身や進捗状況が社員にわかるようにするのが目標達成のカギとなる

## ✐ 経営計画の "見える化" とは

　経営計画は、作成したら実行に移していきますが、一般社員には担当業務以外の進捗状況はわかりません。当然、経営計画への関心は薄れてきます。そうならないために、経営計画を「見える化」していきます。

## ✐ 具体的な "見える化" の例

### ▶ホームページに掲載する

　自社のホームページに毎月、経営計画の主要な進捗状況を掲載し、いつでも確認できるようにします。これにより、取引先等にも発信します。

### ▶社内報に掲載する

　社内報には、社内の情報共有、経営方針の伝達、社員のきずな作りなどの効果があります。社内報に掲載することにより、社員全員が経営計画の進捗状況を身近に感じることができます。

### ▶社内に掲示する

　経営計画の主要な部分を会議室や事務所に掲示して、常に見えるようにします。こうすることで、社員が経営計画を意識するようになります。

### ▶ダイジェスト版を配付する

　経営計画のダイジェスト版を作成し、全社員に配付して、常時携帯して経営計画の存在を意識してもらうようにします。

### ▶行動計画管理表のPDCAを掲示する

　行動計画管理表のPDCAの進捗状況を所属部署ごとに毎月掲示することにより、自部門の経営計画が目標通り進んでいるかを常に確認します。

■行動計画管理表の例

| 責任者 | ○○○○ | | 期限 | ○年○月 | 指標・目標(注) | 材料単価10%削減 |
|---|---|---|---|---|---|---|
| 項目 | 日　程 | | ○月 | | ○月 | ○月 |
| | 指標・目標(注) | | 材料単価10%削減 | | 材料単価10%削減 | 材料単価10%削減 |
| 仕入材料費の削減 | 計　画 | | 主要材料の新たな仕入先を開拓し、複数見積りを取ってコスト削減する。 | | 主要材料の新たな仕入先を開拓し、複数見積りを取ってコスト削減する。 | 主要材料の新たな仕入先を開拓し、複数見積りを取ってコスト削減する。 |
| | 実　行 | | 新たな仕入先を3社以上開拓し、見積りを取った。 | | | |
| | 検証 | 目標 | 主要材料の単価が5％削減。 | | | |
| | | 結果 | | | | |
| | 検証 | | 複数見積りを取ったことにより、主要材料のコストを削減した。 | | | |
| | 改　善 | | さらに主要材料の新規仕入先を開拓する。 | | | |

(注) 指標：重要業績評価指標の略称表示、目標：目標数値の略称表示

▶全員のコミットメントを掲示する

　社員全員が、行動計画に対応した個人の目標を所属部署に掲示します。自分の目標を掲示することにより、目標に対する達成意欲がわきます。

■コミットメントの例

○年度　コミットメント

営業担当　山田　太郎

① 売上１億円を必ず達成する
② 新規顧客を12件開拓する

# 社員面接で経営計画を浸透させる

経営者が社員に面接で経営計画の内容や進捗を直接説明する

## 🖊 経営計画の停滞

　経営計画を推進していく中で経営計画が思うように進まないで停滞してしまうケースがあります。主要施策を行動計画で実施していても、なかなか成果が出ず、目標利益計画で掲げた計画が未達になっているのです。そうなってしまう原因として、「経営者の思いが社員に伝わっていない」という事情が考えられます。

　経営計画発表会の場で全社員に周知しても、発表会というのは、どうしても一方的なものになりがちです。経営計画の作成に携わった幹部社員は、経営ビジョンや経営目標の中味を十分理解していても、それ以外の社員は、それぞれの上長から伝えてもらうことになります。こうなると、伝言ゲームのようになり、最初に言った言葉の真意がすべての社員までは十分に伝わりません。

　こうした問題を解消するために、経営者による社員面接をお勧めしています。社員面接を取り入れることにより、経営計画をしっかり浸透させていくとともに成果に結び付けていくことができます。

## 🖊 社員面接の実施方法

**・面接開催日**

　原則として、年2回、一人1時間程度実施します。

**・実施方法**

　社員のスケジュールを調整の上、会社の規模にもよりますが、面接実施月に集中して全社員実施します。面接は原則、社長が実施しますが、

組織が大きい場合には社長に代わり役員が実施しても良いでしょう。

　なお、賞与支給がある企業の場合は、賞与支給前に社員面接を組み込むことで、面接による人事考課としても利用することができます。

## ✐社員面接の進め方

　社員面接は、次のように進めていきます。

### ①ねぎらい

　社員は日頃、経営者と話すことが少ないため、緊張していることが多いので、まずは、日頃の仕事に対してねぎらいの言葉をかけます。

### ②面接の目的を確認

　何のために面接するのかを伝えます。目的は、主に次の3つです。

- 経営計画の内容を理解しているかどうかの確認
- 経営計画の進捗度合いの確認
- 社員とのコミュニケーション

### ③本題

　社員面接シート（193ページ参照）をもとに経営者から質問をしていきます。なお、人事考課の面接も兼ねているのであれば、会社の実情に合わせて人事考課要素も加えた面接シートを作成してください。

### ④終わり

　面接で経営者から伝えた内容と社員の発言内容を再度確認します。

## ✐社員面接の効果

### • 経営計画の浸透ができる

　経営計画について、経営ビジョンや経営目標などを経営者が社員にダイレクトに説明することで、その内容をしっかり理解してもらえます。

### • 社員全員の経営計画の進捗状況を管理できる

　経営計画で掲げたことが全社員に浸透し、どこまで進んでいるのかを検証することができます。もし、滞っていることがあれば、何が問題になっているのかを確認し、改善していきます。

- **社員の仕事の状況が理解できる**

　一人ひとりの仕事の進捗状況が理解でき、問題があれば、経営者は上長も交えて解決していくことができます。

- **コミュニーションが図れる**

　経営者と社員は、普段なかなか話す機会がありません。こうした場で、経営者と社員が直接話をしてお互いの考えを知り、理解することで、コミュニケーションと信頼関係を深めることができます。

- **社員の情報収集と支援ができる**

　仕事上のことはもちろん、健康面、家庭面の情報も把握することができます。内容によっては、会社として支援することもできます。

## 🖋 社員面接の注意点

- **押しつけない**

　経営者という立場から、「こうだろう」とか、「こうしたほうが良い」など、あまり相手の意見を聞かずに自分の意見を押しつけないようにしましょう。

- **話を聞く**

　とにかく、相手の話をじっくり聞き、できれば自分の意見は、全体の3分の1ぐらいにしましょう。社員が考えていることを引き出すのが目的なので、経営者側はしゃべりすぎないことが大切です。

- **雰囲気作り**

　経営者のタイプにもよりますが、社員が話しやすい雰囲気にしてください。また、笑顔を持って接するようにしましょう。良い雰囲気だと社員も「話したい」という気持ちになります。

- **否定しない**

　質問の答えによっては、経営者の気に入らないことが出てくるかもしれませんが、いきなり否定すると以後、答えてくれなくなります。その場で否定せず、まず話を聞きましょう。

■社員面接シートの例

面接日　　年　月　日

## 社員面接シート　（○年度○半期）

社員名 _____


（経営計画の確認と浸透）

1．経営計画の目的とは何ですか

2．経営ビジョン、経営目標、施策はどこまで理解していますか

3．部内の行動計画は、どの程度進んでいますか

（経営計画における自分の活動、成果、問題点の確認）

4．経営計画において、自分の活動内容はどのようなことですか

5．経営計画において、活動した結果、どのような成果がありましたか

6．経営計画を進めている上で、問題となっていることは何ですか

7．経営計画を進めている上で、どのような意見がありますか

（日常業務の状況）

8．日常業務をする上で、どのような障害がありますか

9．所属部内では、自分の業務に対して、どのような協力がありますか

10．会社に対して、どのような要望がありますか

11．会社は、何を改善したら、さらに良くなると思いますか

12．社員間のコミュニケーションに、どのような問題がありますか

13．部下は、どのように育成していますか（部下がいる場合）

（自分の将来）

14．今後自分のキャリアアップは、どのようにしたいですか

15．キャリアアップのために会社に、どのようなことを望みますか

（仕事以外）

16．健康面、家庭面、金銭面などは、どのような状況ですか

# 規程とすることで監査・人事考課でも経営計画を定着させる

経営計画で経営していることを常に意識できるシステムにする

## ✐ 社員の意識を経営計画に向けるには

　経営計画の作成と実行を経営者が中心になって進めていくとは言うものの、長期間に及ぶため、最初の高い意識が続かず、少しずつ経営計画に対する気持ちが低下していく場合があります。こうしたことを改善し、経営計画が定着する方法を講じる必要があります。

## ✐ 経営計画の社内規程を作る

　いろいろな会社の経営計画を見ていますと、経営計画を全社ベースで進めているものの、社内規程として制定しているケースはあまり見られません。しかし、経営計画は業務の一環として継続して実施していくものですから、規程として制定することが望ましいと考えます。

　規程化することにより、経営計画が制度化するとともに、常に一定の手順に従って進めていくことができます。

　経営計画を規程として制定する場合、項目は原則として次のようになります。

■ 経営計画の規程の項目

| | |
|---|---|
| 1　目的 | 6　経営計画の責任者 |
| 2　経営計画の期間 | 7　経営計画の作成手順 |
| 3　経営計画の構成 | 8　経営計画の実行 |
| 4　経営計画委員会 | 9　経営計画の進捗管理 |
| 5　経営計画委員会の機能 | 10　定期監査 |

# 経営計画規程

（目的）

第1条　この規程は、経営計画を作成し、実行していくための手続きについて定めている。

（経営計画の期間）

第2条　経営計画の実施期間のサイクルは、原則として3年とする。

（経営計画の構成）

第3条　経営計画の構成は、次による。

① 意義

② 経営理念

③ 経営ビジョン

④ 外部環境

⑤ 内部環境

⑥ 経営目標（3か年の目標）

⑦ 経営方針

⑧ 目標利益計画（3か年の利益計画）

⑨ 月別目標利益計画

⑩ 主要施策（3か年の施策）

⑪ 行動計画

（経営計画委員会）

第4条　経営計画の作成及び進捗管理をするにあたって、経営計画委員会を設置する。

2　経営計画委員会の構成は、次の通りとする。

① 委員長は、社長が担当する。

② 委員は、原則として社長以外の経営者並びに部門長とする。

③ 経営計画委員会の中に事務局を置き、総務部が担当する。

（経営計画委員会の機能）

第5条　経営計画委員会の機能は、次の通りとする。

① 委員長は、経営計画について最終決定を行なう。

② 委員は、経営計画の作成、変更、年次総括報告書の作成を行なう。

③ 事務局は、経営計画委員会の取りまとめを行なう。また、会議の開催・招集、会議議事録の作成を行なう。

（経営計画の責任者）

第6条 社長は、経営計画の総括責任者とする。

2 部門長は、経営計画の実行責任者とする。

（経営計画の作成手順）

第7条 委員長は、各委員とともに、経営計画委員会を開催し、経営計画の構成に従って経営計画の作成を行なう。

（経営計画の実行）

第8条 経営計画の実行責任者は、経営計画を実行する。

（経営計画の進捗管理）

第9条 経営計画委員会は、目標利益計画及び行動計画の進捗報告に基づき、経営計画の進捗管理を行なう。

2 経営計画委員会は、目標利益計画と実績の差異、行動計画と実績の差異を検証し対策を講じる。

3 経営計画委員会は、経営計画の変更が必要と認めた場合は変更を行なう。

4 経営計画委員会は、年度終了後に経営計画の総括を行なう。

（定期監査）

第10条 経営計画委員会は、経営計画の浸透と定着を図るために定期監査を実施する。

2 定期監査は、経営計画の定期監査手順書に従って実施する。

（改廃）

第11条 この規程の改廃は、経営計画委員会が起案して、決議する。

付則

この規程は、○年○月○日より実施する。

## ✏️ 経営計画の定期監査

　作成した経営計画は、経営計画の進捗会議を通じて管理していきます。しかし、進捗会議のメンバーは原則として経営者と部門長であり、それ以外の社員にどこまで浸透しているかの現況を把握することはできません。たとえ特定の部署に何か問題が生じていたとしても、進捗会議ではなかなか顕在化しない場合もあります。そうしたことを解消するために、経営計画の定期監査を実施します。

　定期監査の手順は、次ページの「経営計画の定期監査手順書の例」を参照してください。

## ✏️ 人事考課に経営計画を組み込む

　経営計画のある会社は、社員全員が経営計画に従って行動しています。そのため、人事考課制度に経営計画を組み入れると良いでしょう。

　具体的には、賞与査定の人事考課表の考課項目に経営計画の成果を入れます。また、個人の目標管理制度等を導入している場合には、個人目標に経営計画に基づく目標を組み込みます。

　経営計画の定期監査チェックリストは、199ページを参照してください。

# 経営計画の定期監査手順書

1. 定期監査の目的

   定期監査の目的は、次の事項を検証するために行なう。

   ① 経営計画を社員が理解して行動していること

   ② 経営計画の行動計画が予定通り進んでいること

2. 定期監査の時期

   定期監査は、四半期ごとに1回、部門ごとに行なう。

3. 定期監査員の選定

   経営計画委員会で選定する。

   ただし、自ら担当する部門は監査しない。

4. 定期監査チェックリストの作成

   定期監査でチェックするためにチェックリストを作成する。

5. 定期監査の実施

   ① 監査担当者は、被監査部門に対して監査を実施する

   ② 定期監査チェックリストで被監査部門の評価を行なう

   ③ 各チェック項目を採点するとともに問題点を記載する

   ④ 問題点で是正が必要なものは、是正の指摘を記載する

6. 是正処置の実施

   被監査部門は、経営計画の定期監査チェックリストで是正の指摘が

   あった内容は、是正処置を記載し、実施日を記載する。

7. 記録の管理

   是正が完了した定期監査チェックリストは、総務部が管理する。

## ■経営計画の定期監査チェックリストの例

| 定期監査チェックリスト | 部門名： | | | | | | |
|---|---|---|---|---|---|---|---|
| | 監査者： | | | | | | |
| | 監査日： | | | | 年 | 月 | 日 |

| No. | 点　検　項　目 | 採　点 | | | | | 問題点 |
|---|---|---|---|---|---|---|---|
| | | 良い | やや良い | 普通 | やや悪い | 悪い | |
| | | 4 | 3 | 2 | 1 | 0 | |
| 1 | 経営計画の目的は何か | | | | | | |
| 2 | 経営理念は何か | | | | | | |
| 3 | 経営ビジョンは何か | | | | | | |
| 4 | 外部環境には何があるか | | | | | | |
| 5 | 外部環境で脅威は何か | | | | | | |
| 6 | 外部環境でチャンスは何か | | | | | | |
| 7 | 内部環境には何があるか | | | | | | |
| 8 | 内部環境で強みは何か | | | | | | |
| 9 | 内部環境で弱みは何か | | | | | | |
| 10 | 経営目標は何か | | | | | | |
| 11 | 経営方針は何か | | | | | | |
| 12 | 目標利益計画はどのような数値か | | | | | | |
| 13 | 月別目標利益計画はどうような数値か | | | | | | |
| 14 | 全社の主要施策にはどのようなものがあるか | | | | | | |
| 15 | 全社の行動計画にはどのようなものがあるか | | | | | | |
| 16 | 部門の主要施策にはどのようなものがあるか | | | | | | |
| 17 | 部門の行動計画にはどのようなものがあるか | | | | | | |
| 18 | 部門の行動計画の計画通り進んでいるか | | | | | | |
| 19 | 部門の行動計画のKFSは適切か | | | | | | |
| 20 | 部門の行動計画のKPIは適切か | | | | | | |
| 21 | 部門の行動計画のKPIの目標数値は適切か | | | | | | |
| 22 | 部門の行動計画の改善策は作成しているか | | | | | | |
| 23 | 部門の行動計画は個人目標にどのように反映しているか | | | | | | |
| 24 | 個人は経営計画のダイジェスト版を所持しているか | | | | | | |
| 25 | 部門長から進捗会議の状況をどのように聞いているか | | | | | | |
| | | 合計点 | | | 点数 | | |

| 是　正　の　指　摘 | 是　正　処　置 | 是正実施日 |
|---|---|---|
| | | |
| | | |
| | | |
| | | |
| | | |
| | | |
| | | |
| | | |
| | | |
| | | |

# 第9章 まとめ

　経営計画は、社長一人で進めるものではありません。そのため、社員にどのように浸透させていくかも大切です。

　経営計画を作成して、各部門に施策が下りてきても、日常の業務に邁進していて経営計画で課題となった施策は後回しになることがあります。

　こうしたことがないように、経営計画の存在を社員全員に周知することが必要です。

　この周知する手段としては、経営計画の見える化を行ないます。具体的には、自社のホームページに経営計画の進捗状況を掲載します。また、社内報を発行し、経営計画の進捗を発表します。場合によっては、経営計画の手帳を作成し、常に今年の課題を手帳により、社員に認識してもらいます。

　一方、社員面接を定期的に行ない、経営計画の進捗状況を経営者がヒアリングします。一人ひとりの社員と直接面接をすることは効果が高く、社員の意識も経営計画に向くことになります。

　さらに、個人目標管理表で、個人の進捗状況を月次単位で部下の報告を受け上司が指導することで、確実に推進する原動力にもなります。そして、その結果を人事考課と連動させれば、推進するやる気アップにもつなげることができます。

　会社全体としては、経営計画について、経営計画の進捗会議だけでなく、現場の定期監査で現況確認を行ないます。これにより、上層部と現場の計画の進捗や考え方の乖離をなくすことができます。

# 第 10 章

# 経営計画で
# 経営が改善した企業

# 建設業を行なう
# Ａ社の経営改善した事例

工事の実行予算管理の徹底や外注費の管理が経営改善のポイントになった例

## ✎ Ａ社の経営改善前の概況

　Ａ社は、創業70年以上、売上高は16億円、社員は30名と、○○市内では歴史ある有数の建設会社です。売上高のうち、公共工事が7割を占め、残りは民間工事です。工事の内訳は、建築工事と土木工事がほぼ50％です。

　近年、公共工事が減少するとともに、同業者間の競争が激化しているため、利益が減少傾向にありました。業績低下の原因をまとめると、以下の通りです。

### ■業績低下の主な原因

- 採算が厳しい建築工事とわかっているにもかかわらず、担当営業が受注してしまうことがある
- 工事部が実行予算書なしで管理した工事は、支出が受注金額を上回って赤字になることが多い
- 現場代理人が、予算を超える材料費を購入することがある
- 工事管理を外注先に任せたため作業日程が増えたりすることが、外注費の増加につながっている

## ■ A社の経営計画の主要部分

- 経営ビジョン―○○市内建設業でナンバーワンを目指す
- 経営目標―――売上16億円の確保と工事利益率15％を確保する
- 主要施策┤ 営業部門…民間営業を増やし、売上を拡大する
　　　　　　 工事部門…実行予算管理を徹底していく
　　　　　　　　　　　　材料費、外注費の10％コストダウン
　　　　　　 経理部門…材料費の本部集中管理を行なう

## ✒ 経営改善のポイント：徹底したコストダウンの推進

　前述の通り、A社の業績が低迷しているのは同業者間の競争激化もありますが、内部的な要因も多く、特にコストダウンに力を入れていくことにしました。

### （1）工事の受注と管理の見直し

#### ①赤字工事の受注はしない

　実行予算で赤字が認められる工事は原則、受注しないことにしました。従来、資金繰りのために、赤字が見込まれる工事でも受注していましたが、結局、社内でコストダウンなどをしても、なかなか黒字にはなりませんでした。そこで、赤字見込みの工事は受注しない方針を打ち出したのです。

#### ②実行予算書なしの受注廃止

　緊急性があるため、実行予算書なしで受注している工事がありました。こうした場合は、予算が後付けなので、予想外の費用がかかり赤字になることがしばしばでした。そこで、緊急性のいかんにかかわらず、実行予算書を作成して受注することにしました。

#### ③工事着工前会議の徹底

　工事着工前会議において、工事のVEなどをさらに検討し、コストダウンを進めました。

　（注）建設のVEは、素材などの品質や機能を落とすことなくコストダウンを実

現する方法です。具体的には、素材の代替案の検討などを行ないます。

### ④実行予算管理一覧表の作成と管理

　実行予算管理一覧表を作成して、毎月の工事進捗状況の管理と支払資金の管理をするようにしました。この管理において、コストダウンの検討会も並行して行ない、工事期間中のコストダウンを進めました。

■ 実行予算管理一覧表の例

（単位：百万円）

| 工事名 | 請負額 | 予算 | | | | | | | 工事進捗率(%) | 支払済 | | | | | 支出予定 | | | | | 総支出合計 | 利益額 | 利益率(%) |
|---|---|---|---|---|---|---|---|---|---|---|---|---|---|---|---|---|---|---|---|---|---|---|
| | | 材料費 | 労務費 | 外注費 | 経費 | 合計 | 利益額 | 利益率(%) | | 材料費 | 労務費 | 外注費 | 経費 | 合計 | 材料費 | 労務費 | 外注費 | 経費 | 合計 | | | |
| ○○工事 | 1,000 | 500 | 300 | 100 | 50 | 950 | 50 | 5 | 50 | 250 | 150 | 50 | 25 | 475 | 250 | 150 | 50 | 25 | 475 | 950 | 50 | 5 |

## （2）資材管理によるコストダウン

### ①資材購入の本部集中

　従来、工事ごとに現場代理人が直接購入していましたが、本部で一括購入することにしました。

### ②資材購入先の選定

　優良な資材購入先を選定するために、「資材購入先・外注先評価表」を作成し、複数の資材購入先を点数評価して購入先を選定しました。

### ③資材購入価格

　資材の単価については、自社で標準単価を設定しておき、指値、協議あるいは複数見積りなどにより価格の妥当性を高めました。

### ④納期管理

納期手続きを制定して、納期管理を徹底しました。

### ⑤品質管理

　資材購入先に品質調査の審査を実施するとともに、不良品については、再発防止策をとりました。

### ⑥在庫管理

　在庫を必要以上に持つと資金効率などに影響しますので、適正在庫の把握、調達時間の短縮、陳腐化の防止を進めました。

1．品質（各項目５点満点）
　　①　品質第一の考えが浸透しているか　　　　　　　　□
　　②　品質保証システムができているか　　　　　　　　□
　　③　不良品再発防止システムができているか　　　　　□
2．コスト（各項目５点満点）
　　①　当社の要求コストに対応できるか　　　　　　　　□
　　②　コストの明細が明確になっているか　　　　　　　□
　　③　コストダウンのための改善活動をしているか　　　□
3．納期（各項目５点満点）
　　①　当社の指定した納期に対応できるか　　　　　　　□
　　②　イレギュラーの納期に対応できるか　　　　　　　□
　　③　納期遅れに対応する体制はできているか　　　　　□
4．技術・技能（各項目５点満点）
　　①　高い技術もしくは技能があるか　　　　　　　　　□
　　②　当社の要求にあった機械や設備はあるか　　　　　□
　　③　機械や設備を使う技術者や技能者がいるか　　　　□

⑦**資材購入先の開拓と育成**

　常に新たな購入先の開拓を進めるとともに、既存の購入先に対して、作業の標準化、品質管理、納期管理の指導育成をしていきました。

## （3）外注管理によるコストダウン

### ①**内外作の基準を作る**

　内作の場合の基準と外作の場合の基準を作成し、安易に外注しない

ようにしました。

### ②外注先の選定

　優良な外注先を選定するために、「資材購入先・外注先評価表」を作成し、複数の外注先を点数評価して外注先を選定しました。

### ③外注先の価格

　外注内容に応じて、選定した数社から見積りをとり、内容の正確性、妥当性、価格を評価しました。自社で外注見積り技術を磨き、価格の妥当性を高めることが重要です。

### ④納期管理

　納期を順守するために当社の職務分担や責任を明確にしました。また、業務の命令、報告ルートを一本化していきました。

### ⑤品質管理

　外注先の品質調査の審査を実施するとともに、不良部分については、再発防止策をとりました。

### ⑥外注先の開拓と育成

　常に新たな外注先の開拓を進めるとともに、既存の外注先に対して、作業の標準化、品質管理、納期管理の指導育成を行ないました。

## 🖊 経営計画による効果

**・工事管理の見直しによる改善**

　売上よりも利益を優先したため、売上高は減少したものの、売上高総利益率は前期6.3％でしたが、今期には7.4％になり1.1ポイント改善しました。

**・材料費の削減**

　売上高に対する材料費比率は、前期13.6％でしたが、今期には13.0％になり、0.6ポイント削減しました。

**・外注費の削減**

　売上高に対する外注費比率は、前期69.8％でしたが、今期には64.4％になり、5.4ポイント削減しました。

■ A社の2期比較の損益計算書（粗利益まで）

前期　損益計算書　（単位：千円）

| 売上高 | 1,600,000 |
|---|---|
| 売上原価 | 1,500,000 |
| 材料費 | 217,000 |
| 外注費 | 1,116,000 |
| その他 | 167,000 |
| 売上総利益 | 100,000 |

今期　損益計算書　（単位：千円）

| 売上高 | 1,350,000 |
|---|---|
| 売上原価 | 1,250,000 |
| 材料費 | 175,000 |
| 外注費 | 869,000 |
| その他 | 206,000 |
| 売上総利益 | 100,000 |

## ✎ A社の業績改善のポイント

　建設業の場合、老舗企業であっても、ただ漫然と経営していると、「いつの間にか業績悪化していた」という場合があります。そうした事態にならないためにも、経営計画を作成することが大切です。経営計画を立てることで、業績低下の原因をつかむことができるとともに、こうした問題点を全社員が共有できます。

　A社では、新たに経営計画を作成する中で、業績低下に対する対策を明確に打ち出して、それを進めていきました（下図）。この施策を着実に実行していくことにより、材料や外注費用が削減され、赤字工事はなくなり、財務の健全化が図られました。

### ■業績悪化の原因とその対策

| 業績悪化の原因 | 対　策 |
|---|---|
| 不採算工事の受注 | 赤字工事は受注しない |
| 赤字工事の受注 | 実行予算管理による工事管理 |
| 工事に対応した材料の購入ができない | コストダウンの検討 |
| 資材購入の現場・外注任せ | 資材の本部集中管理と外注管理 |

# 印刷製造業を行なう
# Ｂ社の経営改善した事例

印刷製造業を行なうＢ社は５Ｓの徹底を中心に推進することで経営改善を図った

## ✎ Ｂ社の経営改善前の概況

　Ｂ社は、印刷製造業で創業30年、社員は30名の会社です。デザイン印刷を得意として、会社案内、社史、一般商業印刷などを手がけています。また、最近では、ホームページ制作にも積極的に取り組んでいますが、会社の財務状況は悪化し、営業損失が出ています。業績低下の原因をまとめると、以下の通りです。

■**業績低下の主な原因**

- 社内の営業と製造の連絡ミスが常時発生し、毎年、数百万円単位の損失が出ている
- 取引先は固定しているが、取引先の電子化により紙媒体が減少して印刷物の受注が少なくなっている
- 価格競争が激化し、当社の印刷コストでは受注できないケースが散見される

　こうした現状から、従来の成り行き的な管理では、今後ますます経営が厳しくなると認識し、経営計画を作成し計画経営を実施していくことにしました。

■ B社の経営計画の主要部分

- 経営ビジョン──印刷製造業として他社が真似できない分野を確立してオンリーワン企業になる
- 経営目標──売上高3.6億円、経常利益1,080万円（売上高の３％）
- 主要施策
  - 共通部門…５Ｓの推進、ISO9001認証取得
  - 営業部門…目標売上高3.6億円、新規先開拓36件、リピート先の深耕
  - 制作部門…企画書提案　獲得60件、ホームページの制作24件
  - 製造部門…製造コスト10％削減、製造印刷ミスゼロ

## 経営改善ポイント：５Ｓの推進

　上記の経営計画を実行した結果、財務内容は改善していきました。特に、全社ベースの５Ｓの推進が大きな効果を生んだので、５Ｓで財務内容がいかに改善したかを説明していきます。

### （1）整理による改善

　工場は、長期間使わないものも含め、在庫が山積みでした。そこで、ムダな在庫は廃棄、転用しました。在庫の見直しは、適正在庫分析表を作成して行ないました。具体的には、出荷ロット数、平均出荷数、保有月数、最新入荷日、最新入荷数、最新出荷日、最新出荷数をもとに在庫量の評価を実施し、デッドストック、スリーピングストック、ランニングストックに評価区分し、適正在庫量を決めていきました。

■ 適正在庫分析表

| 品名 | 在庫量 | 出荷ロット数 | | 平均出荷数 | 保有月数 | 最新入荷日 | 最新入荷数 | 最新出荷日 | 最新出荷数 | 評　価 |
| | | 最小 | 最大 | | | | | | | |
|---|---|---|---|---|---|---|---|---|---|---|
| 袋 | 1,900 | 100 | 300 | 100 | 19 | 12.4.1 | 2,000 | 13.7.1 | 100 | デッドストック |

この結果、製品の在庫回転期間（在庫に対する平均日商）は、7.8日で、前期8.1日に対して0.3日短縮しました。また、材料の在庫回転期間も2.2日で前期2.3日に対して0.1日短縮しました。製品、材料とも在庫保有期間が改善されました。

## （2）整頓による改善

書類や工具などが散乱し、紛失してしまったり、探したりするのに時間がかかり、作業効率が悪くなっていました。このため、書類、材料、仕掛品、製品などを中心に整頓の管理表を作成し、管理を徹底していきました。この作業により、書類や工具などの紛失や探す手間がなくなり、作業時間の削減につながりました。

■ 整頓管理表

| 対象 | 場　　所 | 方　　法 | 見　出　し | | | |
|---|---|---|---|---|---|---|
| | どこの場所に置くか | どんな方法で行なうか | 見出しをどうするか | 見出しをどこにつけるか | 見出しの内容は何か | 重要度はどの程度か |
| 材料 | 指定台 | 載せる | かんばん | 置き場 | 品名、品番 | A |

この結果、労務費が削減され、労務費比率（売上高に対する労務費の比率）は23.2％で、前期24.1％に対して0.9ポイント低下しました（労務費削減には、後述の清掃、清潔による労務費削減分も含まれます）。

また、人件費も削減され、人件費比率（売上高に対する人件費の比率）は、14.4％で、前期15.6％に対して1.2ポイント低下しました。

（注）人件費は、営業強化で1名増員していますので、今期は増加費用4,000千円を除外して計算しています。

## （3）清掃による改善

製造部門では、印刷機械の不具合により印刷物が汚れ、しばしば刷り直しが行なわれていました。また、印刷機械が頻繁に故障し、印刷

作業が停止していました。そこで、下のような機械点検表を作成し機械の日常点検、定期点検を実施しました。この機械点検により、機械による印刷物の汚れや機械の故障による作業停止が少なくなりました。

■ **機械点検表**

| 点検項目 | | 点検者<br>点検日 | 山田<br>2／1 | 山田<br>2／2 | 鈴木<br>2／3 | 山田<br>2／4 |
|---|---|---|---|---|---|---|
| 機械運転音 | | | ○ | ○ | ○ | ○ |
| 注油 | 日常 | | ○ | ○ | ○ | ○ |
| | 定期 | | ○ | | | |

（注）・点検記号：点検正常○、点検異常×、修理後正常△
　　　・管理基準：機械運転音に異常はないか、注油は正常範囲か

　この改善により、材料費が削減され、材料費比率（売上高に対する材料費の比率）は、13.8％で、前期15.9％に対して2.1ポイント低下しました。また、刷り直しの時間や機械の故障による待機時間も削減され、労務費の削減につながりました。さらに、納入先で不良品のクレームが発生していましたが、清掃により不良品が減少し、顧客の信頼度が向上しました。この結果、ここ数年下降傾向だった売上高が増加に転じました。

## （4）清潔（標準化の推進）による改善

　社員により、作業時間にバラツキがあり、作業手順書も制定されていませんでした。そこで、作業時間の標準化と作業手順書の整備を進めました。

　作業時間の標準化は、作業工程ごとの日報に標準時間を設定し、実際の時間と比較しました。そして、標準時間と実時間との間に差異が発生した場合は、理由や対策を記載し対策を講じるようにしました。

この対策により、作業時間が削減され、労務費も削減できました。

**■ 印刷作業予定兼日報**

| 品名 | 前段取開始予定 | 作業開始予定 | 作業終了予定 | 後段取完了予定 | 前段取開始実績 | 作業開始実績 | 作業終了実績 | 後段取完了実績 | 段取差異時間 | 作業差異時間 | 差異の理由 | 差異の対策 |
|---|---|---|---|---|---|---|---|---|---|---|---|---|
|  | 標準時間 | 標準時間 | | 標準時間 | 所要時間 | 所要時間 | | 所要時間 | | | | |
| 封筒 | 16:00 | 16:20 | 18:20 | 18:40 | 17:50 | 18:20 | 21:10 | 22:00 | | | ○○ | ○○ |
|  | 20 | | 120 | 20 | 30 | | 170 | 50 | 40 | 50 | | |

　一方、工程ごとに作業手順書を作成して、誰でも同じ手順でできるようにしました。これにより、作業時間が守れるようになりました。また、技能者の高齢化が進み、技能伝承が課題でしたが、この作業手順書により解消されました。

## （5）躾による改善

　部門間の連絡ミスや作業の確認ミスで多くの損害が発生していました。そこで、作業方法などの見直しを行ないました。第1に、部門間の口頭による連絡は禁止し、作業指示書のみとしました。第2に、手書きの作業指示書を廃止し、作業管理のソフトにより作業指示書をパソコン管理に変更しました。

　これにより、作業指示書の紛失や印刷上の記入漏れがなくなりました。また、作業指示書において、工程ごとに作業内容を確認した確認印を押すようにしたことにより、誤発注が減少しました。この結果、売上原価が削減され、売上原価率は70.9％で、前期74.3％に対して3.4ポイント低下しました（売上原価の削減には整頓、清掃、清潔での材料費や労務費の削減も含みます）。

　一方、サービス向上として顧客アンケートを始めて、価格、納期、営業対応などの改善に努めてきました。最近では、納期遅れがない、

営業対応が良いなどの声が聞こえるようになりました。サービス改善による売上増加の効果も出てきています。

## 経営計画による効果

### ・収益力から見た改善

売上高総利益率は29.1％（前期25.7％）、売上高営業利益率は2.4％（前期△1.0％）、売上高経常利益率で見ると1.2％（前期△2.5％）とプラスになりました。総資本経常利益率も2.6％（前期△4.0％）とプラスになりました（注：△はマイナス）。

### ・効率性から見た改善

総資本回転率で見ると2.1回（前期1.6回）で、前期より0.5回良くなっています。

### ・安全性から見た改善

流動比率は395.2％で、前期345.7％に対して49.5ポイント、固定比率は608.3％で、前期780.0％に対して171.7ポイント改善しました。

## B社の業績改善のポイント

B社は、経営の改善とともに計画的な経営を目指し、経営計画の作成に取り組みました。そして、5Sを全社的に進めた結果、在庫の削減、作業の効率化、機械の歩留まりの改善により大幅な社内コストの削減ができ、部門間の連絡ミスもなくなり業務の効率化も図れました。

### ■主な業績低迷の原因と対策

| 業績低迷の原因 | 対　策 |
| --- | --- |
| 部門間の連携ができず、効率的な業務ができない | 5Sを全社的に進める |
| 価格競争が激化して、採算が合わなくなっている | 製造部門のコストダウンを徹底し、かつ社内ミスを削減する |
| 取引先は安定しているが、紙媒体から電子化に移りつつある | ホームページ制作等を推進し、顧客のニーズに応じた企画提案を積極的に進める |

## ◆B社の損益計算書と貸借対照表の2期比較

### 前期　損益計算書 （単位：千円）

| | |
|---|---:|
| 売上高 | 315,000 |
| 売上原価 | 234,000 |
| 　材料費 | 50,000 |
| 　労務費 | 76,000 |
| 　外注加工費 | 83,000 |
| 　減価償却費 | 2,000 |
| 　その他経費 | 23,000 |
| 売上総利益 | 81,000 |
| 一般管理費等 | 84,000 |
| 　販売費 | 8,000 |
| 　一般管理費 | 76,000 |
| 　（うち人件費） | （49,000） |
| 　（うち賃借料） | （5,000） |
| 営業利益 | △3,000 |
| 営業外収益 | 0 |
| 営業外費用 | 5,000 |
| 経常利益 | △8,000 |
| 特別損益 | 0 |
| 税引前当期純利益 | △8,000 |
| 税金 | 0 |
| 当期純利益 | △8,000 |

### 今期　損益計算書 （単位：千円）

| | |
|---|---:|
| 売上高 | 327,000 |
| 売上原価 | 232,000 |
| 　材料費 | 45,000 |
| 　労務費 | 76,000 |
| 　外注加工費 | 88,000 |
| 　減価償却費 | 1,000 |
| 　その他経費 | 22,000 |
| 売上総利益 | 95,000 |
| 一般管理費等 | 87,000 |
| 　販売費 | 8,000 |
| 　一般管理費 | 79,000 |
| 　（うち人件費） | （51,000） |
| 　（うち賃借料） | （6,000） |
| 営業利益 | 8,000 |
| 営業外収益 | 2,000 |
| 営業外費用 | 6,000 |
| 経常利益 | 4,000 |
| 特別損益 | △2,000 |
| 税引前当期純利益 | 2,000 |
| 税金 | 0 |
| 当期純利益 | 2,000 |

**前期　貸借対照表**　　　　　　　　　　　　　　　　　（単位：千円）

| 流動資産 | | 121,000 | 流動負債 | | 35,000 |
|---|---|---|---|---|---|
| | 当座資産 | 100,000 | | 買入債務 | 18,000 |
| | （うち現金預金） | (50,000) | | 短期借入金 | 12,000 |
| | （うち売掛債権） | (50,000) | | 割引手形 | 0 |
| | 棚卸資産 | 14,000 | | その他流動負債 | 5,000 |
| | その他流動資産 | 7,000 | 固定負債 | | 154,000 |
| 固定資産 | | 78,000 | | 長期借入金 | 154,000 |
| | 有形固定資産 | 35,000 | 純資産 | | 10,000 |
| | 無形固定資産・投資等 | 43,000 | | 資本金 | 30,000 |
| 繰延資産 | | 0 | | 剰余金 | △20,000 |
| 資産計 | | 199,000 | 負債・純資産計 | | 199,000 |

（注）棚卸資産の内訳は、製品7,000千円、材料2,000千円、仕掛品5,000千円

**今期　貸借対照表**　　　　　　　　　　　　　　　　　（単位：千円）

| 流動資産 | | 83,000 | 流動負債 | | 21,000 |
|---|---|---|---|---|---|
| | 当座資産 | 65,000 | | 買入債務 | 16,000 |
| | （うち現金預金） | (15,000) | | 短期借入金 | 3,000 |
| | （うち売掛債権） | (50,000) | | 割引手形 | 0 |
| | 棚卸資産 | 16,000 | | その他流動負債 | 2,000 |
| | その他流動資産 | 2,000 | 固定負債 | | 123,000 |
| 固定資産 | | 73,000 | | 長期借入金 | 123,000 |
| | 有形固定資産 | 30,000 | 純資産 | | 12,000 |
| | 無形固定資産・投資等 | 43,000 | | 資本金 | 30,000 |
| 繰延資産 | | 0 | | 剰余金 | △18,000 |
| 資産計 | | 156,000 | 負債・純資産計 | | 156,000 |

（注）棚卸資産の内訳は、製品7,000千円、材料2,000千円、仕掛品7,000千円

# C病院の経営改善した事例

患者へのサービスを向上させて、患者が増えた病院

## ✎ C病院の経営改善前の概況

　C病院は50年前に開業して、現在では地域の中核病院にまで成長しました。職員は、医師、看護師など50名で、内科、整形外科、人工透析などを手掛けています。

　近隣に同規模の病院が進出して病院間の競争が激しくなっている上に、院内の業務が多忙を極めているため、サービスが低下して、患者から不満の声も出ています。

### ■ 業績低下の主な原因

> • 競合病院の進出により、従来の患者や新規の患者が減少している
> • 業務が多忙になり、患者に対するサービスが低下して、いわゆる"不親切な病院"になりつつある
> • コミュニケーション不足のため、職員間の関係が悪化して情報共有が不足したりしている
> • 月別の予算管理を行なわず、決算期に収支を確認するだけだったため、医業収益が医業費用を下回っても決算期までわからず、有効な対策を講じていなかった

■C病院の経営計画の主要部分

- 経営ビジョン──患者満足度ナンバーワンを目指す
- 経営目標────受診患者数は1日平均100名
- 主要施策──┐
  - 診察部門…患者サービスを向上させ、患者満足度調査で90点以上を目指す
  - 入院部門…法を順守した適切な看護体制を整える
  - 事務部門…迅速な事務処理を行なうとともに、月次の予算管理を徹底する

## ✎ 経営改善のポイント：サービス向上と予算管理の徹底

### （1）患者サービスの向上

#### ①接客マニュアルを作成して指導

　受付での患者との応対はすべて担当者任せで、担当者によってバラバラな応対が目立ちました。"事務的に片づける"ような応対から、患者に寄り添った応対ができるような接客の基本ルールを作成・実施しました。

　具体的には、「応対用語の唱和運動」「応対の基本姿勢」「接客の姿勢」「受付、お帰りのときの接客の注意点」「職員の日常行動心得」「職員の身だしなみ、言葉づかい」です。

■接客マニュアルより抜粋

　1．基本心得
　　●制服を常に着用する　　　　●患者に笑顔で接する
　　●敬語を使った言葉づかいをする
　　●お叱りを受けたら言い訳せずに「申し訳ございません」と謝罪する
　　●患者の話をよく聞く
　　　………

②コンシェルジェの配置

　受付が患者で混みあってくると、職員によっては事務作業で手一杯となり、患者へのサービスが低下してきます。そこで、コンシェルジェ制度を導入し、患者からの問い合わせや相談ごとへの応対をコンシェルジュが専門に受けるようにして、サービスの向上を図りました。

③病院監査の実施

　院長、サービス向上委員が毎月各部署に対して監査を行ない、点数評価を行ない、改善点を指摘しました。

■ 監査表の例

| 監査 | 点 数 | | 評価：良い1点、悪い0点 | | |
|---|---|---|---|---|---|
| № | 評　価　項　目 | | | 点数 | 改善指摘 |
| 1 | 身だしなみ：ひげはないか | | | 1 | |
| 2 | 爪は短くそろえているか | | | 1 | |
| 3 | 茶髪、長髪は禁止 | | | 1 | |
| 4 | 定められた服装をしているか | | | 1 | |
| 5 | ピアス、アクセサリーはしていないか | | | 1 | |
| 6 | 受付は笑顔で対応しているか | | | 0 | 笑顔がない |
| 7 | 患者にあいさつしているか | | | 1 | |
| 8 | 患者が迷ったりしていないか | | | 1 | |
| 9 | お見送り時に「お大事に」と言っているか | | | 1 | |
| 10 | お見送り時にお辞儀をしているか | | | 1 | |
| 11 | 不要品の廃棄はなされているか | | | 1 | |
| 12 | 書類は取り出しやすくしているか | | | 1 | |
| 13 | 戸棚の中の表示はされているか | | | 1 | |
| 14 | 筆記具の位置は表示されているか | | | 1 | |
| | 合　　　計 | | | | （30点満点） |

## （2）電話応対の向上

### ①マニュアル作成

電話応対の向上を目指して、電話応対マニュアルを作成し、職員を指導していきました。これにより、職員全員の電話応対の方法が統一され、一定の水準を保つようになりました。

具体的には、「電話応対の基本」「お問い合わせの電話への回答方法」「電話の取次ぎの方法」「よく使う電話応対用語の習得」です。

### ②患者のお叱りの言葉や質問の声の分析

電話でのお叱りの言葉や質問の声を分析し、改善を進めました。これにより、電話応対で同じようなお叱りや質問がなくなってきました。


## （3）サンキューカードの導入

職員のすばらしい行為や支援を受けて助かったことなどをカード（サンキューカードと命名）に記載して、サンキュー箱に入れます。そして、サンキューカードをもらった職員は、サンキューカードが10枚たまると1,000円のクオカードと交換できます。

なお、院長からのカードはプラチナカードとして、1枚で1,000円のクオカードと交換できます。


■「サンキューカード」の例

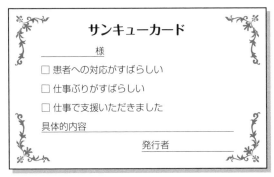

## （4）予算管理の導入

予算管理を次のように実施していきました。

### ①年度予算を作成

経営計画に基づき年度予算を決めました。

### ②月次決算を行なう

月次の試算表をもとに実績を把握しました。

### ③予算実績差異分析

計画と実績の差異を分析しました。差異については、仕事のやり方に問題がなかったか、決まった通り実行していたかを検証しました。

### ④改善対策

計画と実績の差異分析で原因が把握できたら、その対策を検討し、次月以降に対策を実行するようにしました。

### ■予算管理表の例

（単位：千円）

| 項　　目 | 年度予算 | 当月までの累積 | | | 4月 | | |
|---|---|---|---|---|---|---|---|
| | | 計画A | 実績B | 差額（B－A） | 計画A | 実績B | 差額（B－A） |
| 医業収入 | 300,000 | 25,000 | 26,000 | 1,000 | 25,000 | 26,000 | 1,000 |
| 医業費用 | 240,000 | 20,000 | 18,000 | −2,000 | 20,000 | 18,000 | −2,000 |
| 　人件費 | 150,000 | 12,500 | 11,000 | −1,500 | 12,500 | 11,000 | −1,500 |
| 　賃借料 | 24,000 | 2,000 | 2,000 | 0 | 2,000 | 2,000 | 0 |
| 　減価償却費 | 12,000 | 1,000 | 1,000 | 0 | 1,000 | 1,000 | 0 |
| 　保険料 | 12,000 | 1,000 | 1,000 | 0 | 1,000 | 1,000 | 0 |
| 　リース料 | 12,000 | 1,000 | 1,000 | 0 | 1,000 | 1,000 | 0 |
| 　その他経費 | 30,000 | 2,500 | 2,000 | −500 | 2,500 | 2,000 | −500 |
| 医業利益 | 60,000 | 5,000 | 8,000 | 3,000 | 5,000 | 8,000 | 3,000 |

## 経営計画による効果

- **新規患者が増加した**

　患者への対応が丁寧で、かつ、待ち時間が少なくなり、患者満足度も向上しました。その結果、前期と比較して、新規受診者が増加しました。

- **電話応対での患者の評価が向上した**

　患者から、「電話応対が良い」とほめられるようになりました。一方、「言葉づかいが悪い」とか「時間がかかる」などのクレームが減少しました。

- **職員同士のコミュニケーションが向上した**

　サンキューカードにより、職員の間で認められているという意識が高まり、コミュニケーションがよくなりました。これにより、業務のミスも減り、業務の効率化とともに事務処理時間の短縮も図られました。

- **利益意識が向上した**

　毎月、予算と実績を検証することにより、予算を上回った経費について削減の対策を講じていきました。

## C病院の業績改善のポイント

　受付応対の評価が高まるとともにクレームも減少し、患者の増加につながり、売上が増加しました。また、予算管理を徹底したことで、売上に対応した費用を組むことができ、利益の増加につながりました。

| 業績低迷の原因 | 対　策 |
| --- | --- |
| 患者の減少 | 顧客サービスの向上 |
| 受付応対に関するクレームの増加 | 接客マニュアルの作成と指導 |
| 予算管理が十分でない | 予算管理の導入 |

# 付 録

## 経営計画フォーマット集

■ Ａ４用紙１枚の経営計画フォーマット

○○会社　　　　　　　　　　　　　　　　　　　　　　　　　　**経営計画**
【計画期間：　　　　年度〜　　　　年度】
　　　　　　　　　　　　　　　　　　　　　　　　　　　　　（副題：　　　　　）

### 1．意義

### 2．経営理念

### 3．経営ビジョン（３年後あるいは将来）

### 6．経営目標（３年後）

### 4．外部環境

| ○○環境 | （機会）：<br>（脅威）： |
|---|---|
| ○○環境 | （機会）：<br>（脅威）： |
| ○○環境 | （機会）：<br>（脅威）： |
| ○○環境 | （機会）：<br>（脅威）： |
| その他環境 | （機会）：<br>（脅威）： |

### 5．内部環境

| 強　み | |
|---|---|
| 弱　み | |

### 7．経営方針

### 10．主要施策

| 部門 | ○○年度 | ○○年度 | ○○年度 |
|---|---|---|---|
| ○○部門 | | | |
| ○○部門 | | | |
| ○○部門 | | | |
| ○○部門 | | | |

### 11．○○年度の行動計画

| 部門 | 具体的行動内容 |
|---|---|
| ○○部門 | |
| ○○部門 | |
| ○○部門 | |
| ○○部門 | |

## 8．目標利益計画

（単位：百万円）

| 項目 | 年度計画 | 年度計画 | 年度計画 |
|---|---|---|---|
| 売上高 | | | |
| 売上原価 | | | |
| 売上総利益 | | | |
| 一般管理費等 | | | |
| 営業利益 | | | |

| ○○年度実績 | 成果と反省 |
|---|---|
| | |
| | |
| | |

## 9．○○年度の月別目標利益計画

（単位：百万円）

| 項目 | 区分 | 月 | 月 | 月 | 月 | 月 | 月 | 月 | 月 | 月 | 月 | 月 | 月 | 合計 |
|---|---|---|---|---|---|---|---|---|---|---|---|---|---|---|
| 売上高 | 計画 | | | | | | | | | | | | | |
| | 実績 | | | | | | | | | | | | | |
| 売上原価 | 計画 | | | | | | | | | | | | | |
| | 実績 | | | | | | | | | | | | | |
| 売上総利益 | 計画 | | | | | | | | | | | | | |
| | 実績 | | | | | | | | | | | | | |
| 一般管理費等 | 計画 | | | | | | | | | | | | | |
| | 実績 | | | | | | | | | | | | | |
| 営業利益 | 計画 | | | | | | | | | | | | | |
| | 実績 | | | | | | | | | | | | | |

## 12．○○年度の総括 （成果と反省）

| 責任者 | 区分 | ○月 | ○月 | ○月 | ○月 | ○月 | ○月 | ○月 | ○月 | ○月 | ○月 | ○月 | ○月 | 成果と反省 |
|---|---|---|---|---|---|---|---|---|---|---|---|---|---|---|
| | 計画 | | | | | | | | | | | | | |
| | 実績 | | | | | | | | | | | | | |
| | 計画 | | | | | | | | | | | | | |
| | 実績 | | | | | | | | | | | | | |
| | 計画 | | | | | | | | | | | | | |
| | 実績 | | | | | | | | | | | | | |
| | 計画 | | | | | | | | | | | | | |
| | 実績 | | | | | | | | | | | | | |
| | 計画 | | | | | | | | | | | | | |
| | 実績 | | | | | | | | | | | | | |
| | 計画 | | | | | | | | | | | | | |
| | 実績 | | | | | | | | | | | | | |
| | 計画 | | | | | | | | | | | | | |
| | 実績 | | | | | | | | | | | | | |
| | 計画 | | | | | | | | | | | | | |
| | 実績 | | | | | | | | | | | | | |

■中堅企業向けの経営計画フォーマット

1. 意義 ［何のために作成するのか］

2. 経営理念 ［経営していく上での姿勢、考え方］

3. 経営ビジョン ［どのような会社にしていきたいか（将来像、夢）］

4．経営環境

(1)　外部環境 ［経済環境、技術環境、市場環境、競争環境などは
　　　　　　　　　どうなっているか］

| | |
|---|---|
| 機会<br>（チャンス） | |
| 脅威 | |

(2)　内部環境 ［会社の特色 – 全般、各部門］

| | |
|---|---|
| 強み<br>（長所） | |
| 弱み<br>（課題） | |

5．経営目標［外部環境、内部環境（自社の強み・弱み）をもとに経営
　　　　　ビジョンの実現のための経営目標を作成する。経営目標
　　　　　は、できる限り数値目標を設定する］

6．経営方針［経営目標を達成するために経営資源（人、物、金、情報）
　　　　　をどのようにするか］

# 7．目標利益計画［3か年の目標数字を作成する］

（単位：千円、%）

| 科　　目 | 第　　期 | | 第　　期 | | 第　　期 | |
|---|---|---|---|---|---|---|
| | 金　額 | 構成比 | 金　額 | 構成比 | 金　額 | 構成比 |
| 1．売上高 | | | | | | |
| 2．売上原価 | | | | | | |
| 　材料費 | | | | | | |
| 　労務費 | | | | | | |
| 　外注費 | | | | | | |
| 　経費 | | | | | | |
| 売上総利益 | | | | | | |
| 3．販売費・一般管理費 | | | | | | |
| 　人件費 | | | | | | |
| 　賃貸・リース料 | | | | | | |
| 　旅費・交通費 | | | | | | |
| 　その他経費 | | | | | | |
| 営業利益 | | | | | | |
| 4．営業外損益 | | | | | | |
| 　支払利息・割引料 | | | | | | |
| 　その他損益 | | | | | | |
| 経常利益 | | | | | | |
| 目標利益数字の主な設定理由 | | | | | | |

# 8. 予算管理表

| 項　目 | 年度予算 | 当月までの累積 | | | ○月 | | | ○月 | | | ○月 | | |
|---|---|---|---|---|---|---|---|---|---|---|---|---|---|
| | | 計画 | 実績 | 差額 | 計画 | 実績 | 差額 | 計画 | 実績 | 差額 | 計画 | 実績 | 差額 |
| 1．売上高 | | | | | | | | | | | | | |
| 2．売上原価 | | | | | | | | | | | | | |
| 　材料費 | | | | | | | | | | | | | |
| 　労務費 | | | | | | | | | | | | | |
| 　外注費 | | | | | | | | | | | | | |
| 　経費 | | | | | | | | | | | | | |
| 売上総利益 | | | | | | | | | | | | | |
| 3．販売費・一般管理費 | | | | | | | | | | | | | |
| 　人件費 | | | | | | | | | | | | | |
| 　賃借料・リース料 | | | | | | | | | | | | | |
| 　旅費・交通費 | | | | | | | | | | | | | |
| 　その他経費 | | | | | | | | | | | | | |
| 営業利益 | | | | | | | | | | | | | |
| 4．営業外損益 | | | | | | | | | | | | | |
| 　支払利息・割引料 | | | | | | | | | | | | | |
| 　その他損益 | | | | | | | | | | | | | |
| 経常利益 | | | | | | | | | | | | | |
| 差異対策 | | | | | | | | | | | | | |

• この管理表はExcelで作成されています。ダウンロード用のデータは1年分あります。

## 9．主要施策 ［3か年で実施していく内容を作成する］

| | 第　　期 | 第　　期 | 第　　期 |
|---|---|---|---|
| ○○部 | | | |
| ○○部 | | | |
| ○○部 | | | |
| ○○部 | | | |

## 10. 具体的施策［年度で実施していく内容を作成する］

### (1) ○○部

| 項　　目 | 具　体　的　な　内　容 |
|---|---|
| 1. | |
| 2. | |
| 3. | |
| 4. | |

## 11．行動計画管理表［毎月、計画に対して、実行、検証、改善を作成する］

### (1)　○○部

| 責任者 | | 期　限 | | 指標・目標 | | | | | |
|---|---|---|---|---|---|---|---|---|---|
| 項　目 | 日　程 | 月 | 月 | 月 | 月 | 月 | 月 | | |
| | 指標・目標 | | | | | | | | |
| | 計　画 | | | | | | | | |
| | 実　行 | | | | | | | | |
| | 目標 | | | | | | | | |
| | 結果 | | | | | | | | |
| | 検　証 | | | | | | | | |
| | 改　善 | | | | | | | | |

（注）指標：重要業績評価指標の略称表示、目標：目標数値の略称表示

## ■総括報告書のフォーマット

○年○月○日

### 経営計画　○年度総括報告書

○○株式会社

| | |
|---|---|
| 経営目標 | |
| 経営方針 | |

（単位：千円）

| 項　　目 | 計　　画 | 実　　績 | 差　　額 |
|---|---|---|---|
| 売上高 | | | |
| 売上原価 | | | |
| 売上総利益 | | | |
| 一般管理費等 | | | |
| 営業利益 | | | |
| 営業外損益（支払利息等） | | | |
| 経常利益 | | | |

| | |
|---|---|
| 全体の評価 | |
| ○○部門の施策の評価 | |
| ○○部門の施策の評価 | |
| ○○部門の施策の評価 | |

## 読者特典！

## 経営計画フォーマットのダウンロード方法のご案内

　本書掲載の経営計画は、データをダウンロードすることができます。インターネットに接続し、アドレスバーに下記URLを入力してください。

経営計画フォーマットのダウンロードURL

## https://www.njg.co.jp/c/5988keikaku.zip

＊入力はすべて「半角英数字」で行なってください。
＊ファイルはzip形式にて圧縮を行なっております。解凍ソフトを別途ご用意の上、ご利用ください。

■ダウンロードコンテンツ
・A4用紙1枚の経営計画フォーマット　　　・総括報告書フォーマット
・中堅企業向け経営計画フォーマット

※URL入力の際は、半角・全角等をご確認いただき、お間違えのないようご注意ください。
※本ファイルに起因する不具合に対しては、弊社は責任を負いかねます。ご了承ください。
※本ダウンロードサービスに関するお問い合わせは、弊社ホームページの「お問い合わせ」フォームよりお願いいたします。https://www.njg.co.jp/contact/
※本ダウンロードサービスは、予告なく終了する場合がございますので、ご承知おきください。

# 参 考 図 書

- 『経営計画の立て方・進め方』　天明茂・著、日本実業出版社
- 『書き込みシート付き　超かんたん目標管理』　菅野篤二・著、中経出版
- 『これ1冊でできる・わかる　経営計画の立て方・活かし方』　安田芳樹・著、あさ出版
- 『中期経営計画の立て方・使い方』　井口嘉則・稲垣淳一郎・著、かんき出版
- 『だれでもわかる経営計画の見かた立てかた』　小川雅人・著、高橋書店
- 『ポイント図解　儲かる経営戦略立案の手順』　佐伯祐司・著、大和出版
- 『企業再生のための経営改善計画の立て方』　財団法人社会経済生産性本部企業再生支援コンサルティングチーム・編、中央経済社
- 『企業再生支援の実務』　企業再建コンサルタント協同組合・企業再建協議会・著、銀行研修社
- 『「企業再生支援」の進め方－中小企業診断士の再生支援手法』　小林勇治・宮崎一紀・波形克彦・編著、同友館
- 『経営改善計画の立て方・進め方』　吉岡和守＆BMCネットワーク・著、アスカ・エフ・プロダクツ
- 『金融機関が行う経営改善支援マニュアル』　中小企業金融公庫経営情報部・著、金融財政事情研究会
- 『基礎からわかる作業手順書』　中村昌弘・著、中央労働災害防止協会
- 『これだけ！　PDCA』　川原慎也・著、すばる舎リンケージ
- 『無印良品は、仕組みが9割』、松井忠三・著、角川書店
- 『ガーバー流　社長が会社にいなくても回る「仕組み」経営』　堀越吉太郎・著、KADOKAWA

- 『儲かる会社は人が１割、仕組みが９割』、児島保彦・著、ダイヤモンド社
- 『最高の結果を出すKPIマネジメント』 中尾隆一郎、フォレスト出版
- 『Ａ４一枚で作る PDCAを回せる 経営計画100の法則』 宮内健次・著、日本能率協会マネジメントセンター
- 『黒字を実現する20の「仕組み」の進め方』 宮内健次・著、中央経済社
- 『Ａ４一枚で成果を出す！ まんがでわかる 経営計画の作り方、進め方』 宮内健次・著、かめやともまさ・イラスト、ウェッジ
- 『Ａ４一枚から作成できる・ＰＤＣＡで達成できる 経営計画の作り方・進め方』 宮内健次・著、日本実業出版社
- 『１から学ぶ企業の見方』 宮内健次・著、近代セールス社
- 『５Ｓで決算書がグングン良くなるんです』 宮内健次・編著、日刊工業新聞社

# おわりに

　最後までお読みいただきまして、ありがとうございました。
　Ａ４用紙１枚で作る経営計画は、いかがでしたでしょうか。Ａ４用紙１枚の経営計画と言っても、記入する項目を11用意しました。すべてを必ず埋める必要はありません。自社の実情に合わせて作成していただきたいと思います。
　また、金融機関や取引先から、経営計画の提出を求められましたら、まずはこのＡ４用紙１枚で作る経営計画を作成して提出していただければ幸いです。今回は、企業として必要な項目を入れるとともに、取引金融機関も理解できることを考慮して作成しています。
　もちろん、借入状況や設備投資によっては、別途作成したほうが良い資料もあると思いますが、それは適宜追加して作成してみてください。

　経営計画を作成した後は、経営計画の内容を実行しましょう。
　経営計画は作成しただけでは実際の役には立ちません。経営計画の内容を１つひとつ実行していき、最終的には、そこに描かれております経営ビジョンを実現していきましょう。
　本書では、事例として中小企業用のＡ４用紙１枚で作る経営計画と中堅企業の経営計画を紹介しております。ぜひ参考にしてください。
　なお、本書の出版にあたりまして、日本実業出版社の板谷美希さんをはじめ、大変多くの方々にお世話になりました。
　末筆ながら心より感謝いたします。


宮内　健次

宮内健次（みやうち けんじ）
中小企業診断士、社会保険労務士。明治大学大学院MBA。
株式会社千葉銀行に入社し、支店、本部勤務後、株式会社ちばぎ
ん総合研究所にてコンサルティング部門を25年間経験し部長職
などを歴任。その後、公益財団法人千葉県産業振興センターに入
社し、経営相談に2020年まで携わる。コンサルティングでは、経
営計画の作成・推進支援、経営改善支援、5S導入支援、人事制度
構築支援、社員教育などを行なう。その他、各地商工会議所など
での講演、TV出演、新聞・経営専門誌への寄稿など多数。主な著
書は、『A4一枚から作成できる・PDCAで達成できる経営計画の
作り方・進め方』（日本実業出版社）、『A4一枚で作る　PDCAを
回せる 経営計画100の法則』（日本能率協会マネジメントセンタ
ー）、『黒字を実現する20の「仕組み」の進め方』（中央経済社）、
『A4一枚で成果を出す！ まんがでわかる 経営計画の作り方、
進め方』（ウェッジ）など。

経営計画の基本（けいえいけいかく きほん）

2023年3月1日　初版発行

著　者　宮内健次 ©K.Miyauchi 2023
発行者　杉本淳一

発行所　株式
　　　　会社　日本実業出版社　東京都新宿区市谷本村町3-29 〒162-0845

　　　　編集部 ☎03-3268-5651
　　　　営業部 ☎03-3268-5161　振 替 00170-1-25349
　　　　　　　　　　　　　　　　https://www.njg.co.jp/

印 刷／理 想 社　　製 本／若林製本

ISBN 978-4-534-05988-8　Printed in JAPAN

# 日本実業出版社の本
# 「ビジネスの基本」シリーズ

好評既刊！

**森辺 一樹＝著**
**定価 2200円**（税込）

**高橋 宣行＝著**
**定価 1980円**（税込）

**HRインスティテュート＝著**
**三坂 健＝編著**
**定価 2200円**（税込）

**岩谷 誠治＝著**
**定価 1650円**（税込）

**千賀 秀信＝著**
**定価 1650円**（税込）

**安原 智樹＝著**
**定価 1760円**（税込）

定価変更の場合はご了承ください。